Olaf Koob

Die dunkle Nacht der Seele

Wege aus der Depression

Verlag Freies Geistesleben

Neuausgabe
(3. erweiterte Auflage 2007)

Verlag Freies Geistesleben
Landhausstraße 82, 70190 Stuttgart
Internet: www.geistesleben.com

ISBN 978-3-7725-1068-7

Inhalt

«Melancholie bezeichnet das beständige Gefühl unserer Unvollkommenheit. Sie ist das Gegenteil der Fröhlichkeit, welche aus der Zufriedenheit mit uns selbst erwächst. Zumeist resultiert sie aus einer Schwäche der Seele und der Organe; desgleichen ist sie eine Folge bestimmter Vorstellungen von Vollkommenheit, welche wir weder bei uns selbst noch bei den anderen, weder in den Dingen und den Freuden, noch in der Natur finden.»[1]

Denis Diderot

Einleitendes zur 3. Auflage

In der Kunstausstellung *Melancholie – Genie und Wahnsinn*, die Anfang 2006 in Berlin gezeigt wurde und Tausende von Menschen angezogen und fasziniert hat, konnte man als Besucher unmittelbar erleben, wie die Problematik der existenziellen Traurigkeit und auch der inneren Abgründe Menschen seit Jahrtausenden beeinflusst und als anthropologisch-psychologisches Problem für uns Zeitgenossen seine Aktualität nicht verloren hat.

Könnten wir uns bei einer Ausstellung über Fröhlichkeit, Leichtigkeit und Normalität eine ähnliche Fülle an Material, Zulauf und Interesse denken? Wohl kaum!

An der Symptomatik der Melancholie bzw. ihrer Steigerung in der Depression, der Schwer-Mut als «dunkle Nacht der Seele», erleben wir die menschliche Grundkonstitution zweier Seelen in uns: das von innen Wirkende und ins Leben Mitgebrachte, das sich als Lebenshoffnung und -erfüllung mit seinen oftmals übersteigerten Wünschen äußert und im Falle des Scheiterns zu Selbsthass, Schuldgefühlen und Selbstwertverlust führen kann, und das von außen Wirkende, unser Lebensschicksal, wozu auch Erziehung und Milieu gehören. Die Tatsachen des Lebens also, mit denen wir zurechtkommen müssen und die sich manchmal für unseren inneren Menschen als Einengung, Hindernis oder als «Tücken des Objekts» erweisen und denen wir zu leicht die Schuld an unserem eigenen Versagen zuschieben.

Die innere Entzweiung, die Verzweiflung wird umso größer, je größer die Diskrepanz von innerer Erwartung und äußeren Widerständen wird! Und meist sind ja nicht wir «fehlerhaft» oder fehlend, sondern das, was die Welt uns zu bieten hat …

Der Schriftsteller Heinrich von Kleist war solch ein melancholisch-genialer Grenzgänger, dessen erwartungsvolles Herz an den Widerständen und dem Unverständnis der Zeit zerschellen musste und dem wir dennoch unsterbliche Erzählungen und Theaterstücke verdanken. Er hatte im Lauf seines Lebens das Gefühl, dass ihm auf Erden niemand helfen konnte und so entwickelte sich immer mehr eine Todessehnsucht:

«Ich kann nicht sterben, ohne mich, zufrieden und heiter, wie ich bin, mit der ganzen Welt, und somit auch vor allen anderen, meine teuerste Ulrike, mit Dir versöhnt zu haben ... wirklich, Du hast an mir getan, ich sage nicht, was in Kräften einer Schwester, sondern in Kräften eines Menschen stand, um mich zu retten: die Wahrheit ist, dass mir auf Erden nicht zu helfen war.»

(Brief an Ulrike von Kleist, Stimmings bei Potsdam, 21. November 1811.)[2]

Mitte Juni 2007 wurde in Basel eine Ausstellung des bedeutenden norwegischen Malers Edvard Munch eröffnet – auch er ein melancholisch-depressives Genie, dem wir u.a. unsterbliche Bilder wie «Der Schrei» und ein großartiges Nietzsche Portrait verdanken. Seine Schöpferkraft wurde errungen durch die permanente Anwesenheit von Angst und Verzweiflung – eine nicht seltene Problematik großer Künstler.

«Die Lebensangst hat mich begleitet, so lange ich mich erinnern kann. Meine Kunst ist ein Selbstbekenntnis gewesen ... Ohne Lebensangst und Krankheit wäre ich ein Schiff ohne Ruder gewesen.»[3]

Negativ besetzte Begriffe wie Krankheit und Angst werden hier als Möglichkeit erfahren, das Lebensschiff intensiver, bewusster und zielsicherer zu lenken. Diese erschütternden Erfahrungen an sich selbst haben Munch eine Möglichkeit eröffnet, die Schwelle von Geburt und Tod zu transzendieren und damit die geistige Dimension des Menschseins zu erfassen: «Ich bin schon einmal gestorben, als ich geboren wurde. Die eigentliche Geburt, die man den Tod nennt, habe ich noch vor mir ... Der Tod ist der Anfang vom Leben – er führt zu einer neuen Kristallisation. Ich war stets geneigt, zu glauben, dass nichts verloren geht. Wir sind Kristalle, wir lösen uns auf und wir werden zu neuen Kristallen.»[4]

Selten ist eine persönliche Erfahrung von Tod und Wiedergeburt, Krise und Erneuerung so einfach und doch so tief greifend beschrieben worden. Eine Metapher auch dafür, dass, nur wenn Altes abstirbt, sich Neues herauskristallisieren kann. Ohne Krise keine Weiter- bzw. Höherentwicklung!

In letzter Zeit bin ich auf der Suche nach historischen Überlieferungen moderner Leiden wie Angst, Schuld, Scham und Verzweiflung auf die Darstellungen des bekannten Züricher Psychiaters Daniel Hell gestoßen, der sich in seinen Studien intensiv mit den seelischen Selbsterfahrungen der Einsiedler in der Wüste beschäftigt hat, die als sogenannte Wüstenväter hauptsächlich zwischen dem 4. und 6. Jahrhundert n. Chr. gelebt haben und von denen der Heilige Antonius vielleicht der bekannteste ist.[5]

Die Überlieferung erzählt von Menschen, die in der völligen Einsamkeit mit ihren Schattenseiten wie Depression, Verdruss, Mattigkeit, Widerwillen und der sogenannten «Angst des Herzens» gekämpft haben, Schatten der Seele, die als sogenannte «Akedia», eine besondere Form depressiver Verstimmung, zu den sieben Todsünden des Mittelalters gehörte.

Die Modernität der Wüstenväter verblüfft auch heute noch: Sie rangen mit der Frage, wie ein Einzelner unter schwierigen Bedingungen das Leben dennoch meistern kann, und ließen keine Erkenntnis gelten, die nicht aus selbstgemachter Erfahrung stammt! Die Anachoreten, d. h. die Zurückgezogenen, empfahlen besonders den achtsamen Umgang mit sich selbst als wichtiges Mittel gegen die zunehmende Entfremdung von außen und beschäftigten sich nicht nur mit Angst und Verzweiflung, sondern auch mit einer Form von Verhalten, das die Menschen zu gedemütigten Objekten macht, wenn man sie vor anderen beschämt. Durch die Scham verliert der Mensch seine ihm angeborene subjektive Integrität, wird vor anderen entblößt und dadurch in seinem eigentlichen Wert herabgewürdigt. Durch die Erzeugung von Scham kann man also Menschen «ent-ichen» und somit gefügig machen. Wie oft steckt hinter einer Depression ein Gefühl der Entwürdigung!

Die äußeren Widerstände des Lebens und auch die inneren können in allen möglichen Lebenslagen am sichersten nach ihrer Erfahrung durch eine wie auch immer geartete Selbsttätigkeit überwunden werden: sei es das Führen eines Tagebuches oder anderer vielfältiger künstlerischer Neigungen. Denn Lebensglück hat sehr viel mit freien schöpferischen Betätigungen zu tun!

Inneres Aufgewühltsein – so der Rat der Wüstenväter – kann am ehesten durch Herbeiführung äußerer Ordnung und Rhythmus geglättet und harmonisiert werden und schafft somit innere Strukturen und Halt. Der im 19. Jahrhundert in Wien wirkende Arzt Ernst Freiherr von Feuchtersleben hat in seinem Buch «Zur Diätetik der Seele» in dieser Richtung einen wichtigen Gedanken formuliert: «In einem aufgeräumten Zimmer ist auch die Seele aufgeräumt».

Es ist der höhere, unverletzbare Mensch in uns, der uns wie ein «Engel» (Goethe sprach vom «Oberen Leitenden») durch Lebensereignisse und Menschbegegnungen den Weg wieder zu uns selbst weisen kann, wenn wir nur aufmerksam genug sind, die Zeichen des Schicksals zu lesen:

«Als der Altvater Antonius einmal in verdrießlicher Stimmung und mit düsteren Gedanken in der Wüste saß, sprach er zu Gott: ‹Herr, ich will gerettet werden, aber meine Gedanken lassen es nicht zu. Was soll ich in dieser meiner Bedrängnis tun? Wie kann ich das Heil erlangen?› Bald darauf erhob er sich, ging ins Freie und sah einen, der ihm glich. Der saß da und arbeitete, stand dann von der Arbeit auf und betete, setzte sich wieder und flocht an einem Seil, erhob sich dann abermals zum Beten; und siehe, es war ein Engel des Herrn, der gesandt war, Antonius Belehrung und Sicherheit zu geben. Und er hörte den Engel sprechen: ‹Mach es so und du wirst das Heil erlangen.› Als er das hörte, wurde er von großer Freude und mit Mut erfüllt und durch solches Tun fand er Rettung.»[6]

Letztlich ist es bei einer echten Depression, die ja immer auf dem Wege ist, in den inneren, manchmal sogar in den leiblichen Tod durch Selbstmord zu führen, unausweichlich, in den lichten Zwischenzeiten immer mal wieder den Blick auf das eigene Ende zu werfen, um in den alltäglichen Verrichtungen zu lernen, das Wesentliche vom Unwesentlichen, das Vergängliche vom Ewigen zu unterscheiden und zu erleben, wie klein die Erdentränen meist sind ...

Auch hier können die Erfahrungen der Wüstenväter uns helfen, wie wir unermüdlich versuchen sollten, die Beziehungen von Leib und Seele zu stabilisieren:

«Unser verehrter Meister der Askese (Makarios der Große) sagte einmal, dass der Mönch immer so leben sollte, als würde er morgen sterben. Gleichzeitig sollte er aber seinen Leib so behandeln, als hätte er noch ein langes Leben vor sich. Denn, so sagte er, Ersteres wird ihm helfen, all das abzuwehren, was mit der Akedia zu tun hat, um in seinem Leben immer eifriger zu werden. Letzteres wird aber seinem Leib die nötige Gesundheit erhalten für ein langes Leben.»[7]

Durch diese Haltung kann in dem Menschen das Bewusstsein wachsen, dass jeder Tag ein Geschenk ist, für das man dankbar sein muss!

Die direkte Konfrontation mit dem Unausweichlichen im Leben – und das ist nun mal der Tod – führt paradoxerweise zu einer inneren Erstarkung, die einem hilft, in bedrohlichen Situationen des Lebens nicht seelisch unterzugehen. Auch die moderne Psychologie hat heute Ähnliches erkannt: dass nämlich das Wissen um den eigenen Tod in gewisser Weise eine Neurose zu heilen vermag: «Der physische Tod zerstört den Menschen. Aber die richtige Idee vom Tod kann Menschen retten.»[8]

Olaf Koob, Berlin im Juni 2007

«Es darf die Seele niemals stürzen wollen,
 doch muss sie Weisheit aus dem Sturze holen.»

Rudolf Steiner, 4. Mysteriendrama, 6. Bild

«Wenn du nicht bereit bist, dein Leben zu ändern,
 kann dir nicht geholfen werden.»

Hippokratische Weisheit

«Das Leben ist kein Traum. Es wird nur zum Traume durch die Schuld des Menschen, dessen Seele dem Rufe des Erwachens nicht folgt.»

Ernst Freiherr von Feuchtersleben[9]

Statt eines Vorwortes

Dieses Buch handelt nicht nur von einer echten Krankheit, der Depression, sondern auch von ihren «kleinen Schwestern»: Angst vor der Zukunft, Missgunst, Neid, Apathie, Interesselosigkeit, Unzufriedenheit und innere Lähmung. Diese Gemütszustände, die uns als moderne Zeitgenossen wie eine epidemische Krankheit erfasst haben, unser Denken und Fühlen bestimmen und unseren Willen lähmen, gilt es zu erkennen und zu überwinden. Wollen wir sie schnell abschaffen, so merken wir bald, dass der Lauf des Lebens nicht nach einem Computerprogramm abläuft, das wir einfach abändern können.

Seien wir ehrlich: Haben wir dem Leben heute noch etwas von innen an Stärke, Zuversicht, Gelassenheit und Glauben entgegenzustellen? Wird nicht aus jedem verregneten Sommer sogleich eine Umweltkatastrophe, aus der kleinsten Auseinandersetzung ein Auseinandergehen für immer und aus einem Muttermal ein bösartiger Hautkrebs?

Wir sind also durch unsere Lebenseinstellung selbst eine besondere Art von «Trauergemeinde» geworden, die vor lauter Jammern das Leben vergisst, wie ein Wanderer in der Wüste, der von tausend Quellen umgeben ist und verdurstet, weil er die nicht findet, die er zu seinem persönlichen Ideal auserkoren hat.

Jeder kann für sich beginnen, eine «Trauerarbeit» zu leisten, um über die Stimmungen der Undankbarkeit dem Leben gegenüber hinwegzukommen, um aus einem unzufriedenen «Wohlstandsidealisten» zu einem tätigen «Lebensrealisten» zu werden, und das heißt nach dem russischen Dichter Tolstoi: das zu lieben, was man gerade tut, den Menschen am wichtigsten zu nehmen, der vor einem steht, und die Zeit am meisten zu schätzen, die einem am nächsten ist – den Augenblick.

Eine humorige Karikatur dieses «Idealismus» hat Tucholsky 1927 verfasst.[10] Sie ist immer noch aktuell und zeigt einen wesentlichen Grund der Wohlstandsdepression: des mehr äußeren Scheins anstelle des inneren Seins. Sie können sich jetzt noch entscheiden, ob sie «Idealist» oder «Realist» im Sinne Tucholskys werden wollen.

Das Ideal

Ja, das möchtste:
eine Villa im Grünen mit großer Terrasse,
vorn die Ostsee, hinten die Friedrichstraße:
mit schöner Aussicht, ländlich-mondän,
vom Badezimmer ist die Zugspitze zu sehn –
aber abends zum Kino hast du's nicht weit.
Das Ganze schlicht, voller Bescheidenheit.

Neun Zimmer – nein, doch lieber zehn.
Ein Dachgarten, wo die Eichen drauf stehn,
Radio, Zentralheizung, Vakuum,
eine Dienerschaft, gut erzogen und stumm,
eine süße Frau voller Rasse und Verve –
(und eine fürs Wochenend, zur Reserve) –,
eine Bibliothek und drumherum
Einsamkeit und Hummelgesumm.

Im Stall: Zwei Ponys, vier Vollbluthengste,
acht Autos, Motorrad – alles lenkste
natürlich selber – das wär' ja gelacht.
Und zwischendurch gehst du auf Hochwildjagd.

Ja, und das hab' ich ganz vergessen:
Prima Küche – erstes Essen –

alte Weine aus schönem Pokal –
und egalweg bleibst du dünn wie ein Aal.
Und Geld. Und an Schmuck eine richtige Portion.
Und noch 'ne Million und noch 'ne Million.
Und Reisen. Und fröhliche Lebensbuntheit.
Und famose Kinder. Und ewige Gesundheit.

Ja, das möchtste.

Aber wie das so ist hienieden:
manchmal scheint's so, als sei es beschieden
nur pöapö, das irdische Glück.
Immer fehlt dir ein Stück.
Hast du Geld, dann hast du nicht Käten;
Hast du die Frau, dann fehl'n dir Moneten –
hast du die Geisha, dann stört dich der Fächer:
bald fehlt uns der Wein, bald fehlt uns der Becher.
Etwas ist immer.

Tröste dich.

Jedes Glück hat einen kleinen Stich.
Wir möchten so viel: Haben. Sein. Und gelten.
Dass einer alles hat:
das ist selten.

«Das Leben des Menschen muss eine Morgenröte haben; ist sie einmal aufgegangen, so bleibt es Tag, und es bedarf keiner Lampe mehr. Jeder der den Namen Mensch verdient, hat diese Epoche der inneren Geburt erlebt: da er sich sein bewusst ward. Aber ein müßiges Aufpassen auf jeden Zahn im Räderwerk unseres Treibens ist gegen die Natur. Ich bin nicht bloß Hirn, ich bin auch, und mehr noch Herz, Hand, Fuß. Hat das Auge sein Ziel gefasst, so braucht der Körper nicht nachzudenken, um sich zu bewegen. Die Rosen blühen unbewusst, und ebenso reifen die Früchte.»

Ernst Freiherr von Feuchtersleben

Die Depression, das Buch und der Leser

Die Depression, auch Schwermut genannt, gilt als eine der weitverbreitetsten seelischen Krankheitszustände. Man schätzt heute, dass etwa fünf Prozent der Weltbevölkerung – also ungefähr 500 bis 600 Millionen Menschen – von ihr befallen sind.

Sie ist keine der sogenannten «Geisteskrankheiten», wie etwa die Schizophrenie oder bestimmte Formen des Wahns, sondern eine schwere Beeinträchtigung und Lähmung der Willenskräfte sowohl im Seelischen wie auch im Leiblichen. Man bezeichnet sie ja auch als Schwermut, denn die von ihr betroffenen Bereiche lassen sich auch als das Gemüt umschreiben.

Man hat sie auch einmal als die «menschlichste unter den menschlichen Leiden» bezeichnet, weil niemand – sei er jung, alt, arm, reich, berühmt, fromm, lasterhaft – vor ihr gefeit ist oder war. Es gibt in der Geschichte kaum einen berühmten Maler, Philosophen, Dichter, Musiker oder Staatsmann, der nicht – wenigstens zeitweise – von einer kurzen oder längeren Episode der Schwermut befallen war.

In ihrem seelischen und körperlichen Erscheinungsbild ist sie von einer unvergleichlichen Vielgestaltigkeit, denn sie umfasst sowohl rein seelische Symptome wie Freudlosigkeit, Denk- und Gefühlsstarre, Verzweiflung, Angst, Hoffnungslosigkeit und innere Leere wie auch äußere Antriebsschwäche, dauernde Müdigkeit bis zur völligen körperlichen Erstarrung und vor allem auch körperliche Symptome wie Schlaf- und Appetitstörungen, Herzschmerzen, Kälteschauer oder Druck auf Hals und Brust. Wir sehen also, dass die Depression, die sehr verschiedene Schweregrade haben kann, bei Weitem die gesunde Trauer überschreitet und sogar mit Selbstmord enden kann.

Was war nun das eigentliche Motiv, dieses kleine Buch über die Depression zu schreiben, und warum wurde gerade der Titel «Die dunkle Nacht der Seele» gewählt? Es existieren ja zahlreiche Lehrbücher über die Hintergründe und die Entstehung dieser Krankheit und die psychotherapeutischen und medikamentösen Maßnahmen, mit denen diese Krankheit bewältigt werden kann. Auch sind die Regale in den Buchhandlungen voll mit Büchern zur Lebenshilfe, wo ehemals Betroffene interessante Erfahrungen mitteilen: «Seele unter Eis», «Seelenfinsternis», «Vom Sinn der Schwermut», «Depression als Lebenschance», «Die Masken der Melancholie» etc.[11]

Das eigentliche Motiv war, die heute schon gut beschriebene seelische und körperliche Symptomatik und vor allem ihren inneren Zusammenhang durch den erweiterten Organ- und Seelenbegriff der anthroposophischen Medizin und Psychologie besser zu verstehen und auch die geistigen Zusammenhänge der Schwermut und damit die Zeitumstände – nicht nur die äußeren – zu berücksichtigen. Denn in den geistigen Untergründen unserer Kultur im 20. und 21. Jahrhundert geht objektiv etwas vor, was sich unter anderem auch als individuelle Krise im Einzelnen spiegelt und was verstanden werden muss, um auch die positive Seite von Trauer, Lähmung, Angst, Isolation, Unverständnis etc. zu sehen und sie von innen heraus, durch neue Seelenfähigkeiten, zu überwinden. So war der Zustand der «dunklen Nacht» (die Nacht der Sinne und die Nacht des Geistes) für den inneren Weg des Mystikers der notwendige Seelenzustand vor der lichtvollen Gottesschau und damit auch vor dem Erleben des höheren Selbst, das, von den irdischen Dingen losgelöst, sich nur noch vom Höheren, von Gott allein führen ließ.

In diesem Sinne kann das vorliegende Buch kein Ratgeber für alle Formen der Depression sein, da es wegen der vielfältigen Ursachen im persönlichen Entwicklungsstadium, im ökonomischen oder kulturellen Umfeld einen solchen Universalratgeber nicht geben kann. Gerade bei der Depression sind der persönliche Kontakt, das Mitgefühl und das wahre menschliche Interesse, also die Seelenwärme, von ausschlaggebender Bedeutung.

Diejenigen aber, die ihren seelischen «Tiefgang» schon hinter sich haben, noch mitten drin stecken und noch seelisch erreichbar sind oder die Betroffene in ihrer unmittelbaren Umgebung haben, werden durch die vorliegenden Gedanken und Erfahrungen vielleicht Trost, Hoffnung und eine gewisse Wegzehrung erleben können, eine gewisse Orientierung auf dem oft notwendigen Gang durch die Nacht.

Ist es denn nicht auch tröstlich, in einer Zeit, die nur äußeren Wohlstand, Glück und oberflächliche Spießbürgerlichkeit verherrlicht, zu denen zu gehören, die die ganze Tiefe, die Verzweiflung und den Abgrund durchgestanden, nicht daran zerbrochen sind und sogar an Tiefe und Frohsinn gewonnen haben? Falls Sie, liebe Leserin und lieber Leser, zu «denen» gehören, haben Sie in dem Autor einen «Leidensgenossen», der diese Fahrt in den Abgrund kennt und sie schon mehrfach durchstehen musste.

Wir werden also als Erstes ein «Ja» zur dunklen und auch «negativen» Seite des Lebens wie Schicksalsschlägen, Krankheit, Schmerz usw. sagen müssen, um vielleicht hinterher wie der Dichter Rilke zu erkennen, dass die «Quelle

der Freuden im Reich der Schmerzen» sitzt, denen wir
ja letztlich unsere Lebensreife und innere Entwicklung
verdanken.

Ist nicht das Wort «Reife» oder «innere Reifung» schon
ein antiquierter Begriff geworden? Auf einem Psycho-
therapiekongress wurde jedenfalls ironischerweise ausge-
sprochen, dass man «Reife» nur noch beim Obst kenne …

Einen wichtigen Einwand gegen die vorliegenden Aus-
führungen möchte ich zum Schluss noch vorwegnehmen.
Was für einen Sinn hat dieses Buch – und wäre es auch
noch so tröstlich und einleuchtend – für diejenigen, die es
am nötigsten haben, weil sie am meisten drinstecken bzw.
«unten» sind, es aber wegen ihrer seelischen Verfassung
sicherlich nicht lesen werden bzw. können? An diesem
Zustand kann tatsächlich ein Buch nichts oder nur wenig
ändern. Es will und kann auch nicht direkt helfen oder
Probleme, die ja oft weit zurückliegen, lösen. Es kann
aber verdeutlichen, Mut machen und Solidarität erzeugen.
Denn geht es einem nicht schon spontan besser, wenn
man weiß, dass man in seinem Elend nicht der Einzige auf
dieser Welt ist? Das ist auch der eigentliche Sinn und die
therapeutische Bedeutung der vielen Selbsthilfegruppen.

Da bei der Schwermut der große «Antipathiker», der
Kopf, vorherrscht, der erst einmal im Gegensatz zum
Leben, zur Vitalität, zum Hier und Jetzt steht, möchte sich
das Buch zum Schluss selbst überflüssig machen. Denn es

geht darum, dass der Depressive, der oft seine Um- und Mitwelt und damit sich selbst verleugnet, sich durch innere Tätigkeit, durch das Licht der Erkenntnis und die Liebe zum Leben wiederfindet und sich mit sich und der Welt versöhnt. Dann wird er auch imstande sein, in seinem Inneren und in seinem Schicksalsumkreis seine Lebensaufgabe selbst «lesen» zu können – und braucht dazu keinen Dolmetscher mehr. Denn eines haben trotz der ungeheuren Vielfalt fast alle an Depression Leidenden gemeinsam: den Verlust des inneren Menschen, der als wahres Selbst durch ungünstige äußere oder leiblich-seelische Umstände zwar verschüttet, aber nie ausgelöscht werden kann, und den es, wenn auch noch so minimal, zu aktivieren gilt.

Ein Zeitgenosse des 19. Jahrhunderts, der vieles von der heutigen Problematik in seinem Schicksal vorweggenommen hat, Friedrich Nietzsche, hat diesen Prozess der inneren Selbstfindung durch die Krankheit einmal wie folgt beschrieben: «Die Krankheit gab mir insgleichen ein Recht zu einer vollkommenen Umkehr aller meiner Gewohnheiten; sie erlaubte, sie gebot mir Vergessen; sie beschenkte mich mit der Nötigung zum Stillliegen, zum Müßiggang, zum Warten und Geduldigsein … Aber das heißt ja denken … Meine Augen allein machten ein Ende mit aller Bücherwürmerei, auf deutsch Philologie; ich war vom ‹Buch› erlöst, ich las jahrelang nichts mehr – die größte Wohltat, die ich mir erwiesen habe. Jenes unterste

Selbst, gleichsam verschüttet, gleichsam still geworden unter einem beständigen Hören-Müssen auf andere Selbste (und das heißt ja lesen), erwachte langsam, schüchtern, zweifelhaft – aber endlich redete es wieder. Nie habe ich so viel Glück an mir gehabt als in den kränksten und schmerzhaftesten Zeiten meines Lebens: eine ‹Rückkehr zu mir›, ein höchste Art von Genesung …»[12]

«Steht dir ein Schmerz bevor, oder hat er dich bereits ergriffen, so bedenke: dass du ihn nicht vernichtest, indem du dich von ihm abwendest. Sieh ihm fest ins Auge, als einem Gegenstand deiner Betrachtung – bis dir klar wird, ob du ihn an seiner Stelle liegen lassen oder etwa pflegen und verwenden sollst. Man muss erst eines Objektes Herr werden, ehe man es verachten darf. Was nur so auf die Seite geschoben wird, drängt sich mit verschärftem Trotz immer wieder auf. Nur der wirkliche Tag besiegt alle Nachtgespenster, indem er sie beleuchtet.»

Ernst Freiherr von Feuchtersleben

Depression, Aggression und das menschliche Gemüt

Von der Trauer zur Depression

Will man einen krankhaft gewordenen Leibes- oder Seelenzustand umfassender verstehen, in diesem Falle die
Gemütskrankheit «Depression», so ist es vorteilhaft, von
den gesunden Reaktionen der Seele auf äußere Ereignisse auszugehen, um zu den Vereinseitigungen und Grenz-
überschreitungen der sonst gesunden Prozesse ein anderes
Verhältnis zu bekommen. Denn alles Krankhafte wurzelt
im Gesunden und ist nichts anderes als «gesteigerte Normalität». Hat der einseitig gewordene Prozess jedoch keinen gesunden Gegenprozess mehr, der das nötige Gleichgewicht schafft, oder dauert er unverhältnismäßig lange,

so folgt Krankheit, die sich immer mehr vereinseitigt, das heißt schwerer wird.

In unserem Falle ist der Mutterboden der Schwermut, des krankhaften Nach-innen-Schauens, die Fähigkeit des Menschen zu trauern. Die Seele antwortet auf ein sie überforderndes Ereignis mit schützendem Rückzug nach innen und äußerer Reg- und Teilnahmslosigkeit. Die natürliche Hingabe an die Welt erlischt, und eine innere Gedankenarbeit und gleichzeitige Gefühlsvertiefung beginnt: die sogenannte «Trauerarbeit», die für den Menschen äußerst gesund ist. Diese Trauer kann durch einen Verlust bedingt sein, eine schwere Ent-Täuschung, seelische Verletzung, Abweisung etc. Die Seele ist dadurch im Verdauen des Schmerzes nach innen aktiv und sucht sich selbst den gesunden Rückzug vom Äußeren.

Wir haben von Rudolf Steiner den wichtigen Hinweis, dass alle vorstellende, begriffliche und erinnernde Tätigkeit (und der zur Depression Neigende lebt hauptsächlich in der Erinnerung, mit der er entweder nicht fertig wird oder die er fälschlicherweise glorifiziert), die sich ja auf das Gehirn- und Nervensystem stützt, dem aktuellen Leben gegenüber auf Distanz gehen muss, also «antipathisch» ist. Im Wollen hingegen, das mit Blut, Stoffwechsel- und Gliedmaßentätigkeit zu tun hat, begegnen wir der Welt «sympathisch», schließen uns auf, nehmen sie gewissermaßen in uns hinein. Das betrifft sowohl die Nahrungsaufnahme als auch die Wahrnehmung über die Sinne. Bei der Depression, der einseitig gewordenen Trauer, kapseln wir uns wie der harte Schädel das Gehirn von der Umwelt ab und beginnen zu erstarren. Die Todeskräfte des Hauptesmenschen beginnen sich der Seele auch im Fühlen und Wollen zu bemächtigen. Dieser Rückzug nach innen, dieses Abkapseln, bedingt das Gefühl von innerem Zusammenziehen, von Kälte und Knochigwerden. Es ist so, als ob sich in die Seele, in das lebendige Fließen des Gemütes, Mineralisch-Festes absetzen wollte, wie wir es ja organisch in den Knochen haben.

Die noch relativ gesunde Antipathie steigert sich zu Hass und Unverständnis sich selbst und der Welt gegenüber. Man fällt wörtlich aus dem Lebensfluss heraus und droht unterzugehen. Diese Abpanzerung, Verdichtung, Verhärtung und Kälte, die bis in die Muskulatur geht, hat man im Altertum mit dem Planeten «Saturn» bezeichnet, dem Vater alles Mumifizierten, Knochigen, des Mangels und der Verdüsterung, ja sogar des Todes, der im Knochenmann seine Symbolik gefunden hat.

Von den inneren Organen ist es die Milz, die übrigens im Englischen «spleen» heißt, der man in der antiken Medizin eine saturnische Eigenschaft zugeordnet hat. Sie zerstört das lebendige Blut, ist für die Abwehr gegen äußere Fremdstoffe zuständig, damit der Mensch überhaupt ein eigenes Wesen mit einer biologischen Integrität sein kann. Geht diese «milzige» Eigenschaft zu sehr ins Seelische über, so wird der Mensch zu eigensinnig, eben «spleenig». Saturn ist auch der Planet des Alterns und damit auch der Erinnerung. Zustände, die wir sehr gut bei der Depression kennen.

Wie der Mensch, der ein melancholisches Temperament hat, zu stark seine leibliche Erdenschwere spürt, so wird der Depressive nun seelisch ganz knochig, das heißt auch unlebendig und verhärtet. Kann der Trauernde noch durch Gedankenarbeit (Licht) und Eigenaktivität oder liebevolle Zuwendung von außen (Gemütswärme) langsam aus dem Zustand herauskommen, so versagen offensichtlich bei dem Depressiven diese Ich-Kräfte – und eine saturnisch-zerstörerische Fahrt in den Abgrund beginnt. Es scheinen in der Tiefe unseres Wesens, im inneren Orkus (Unterwelt) Kräfte zu wirken, die wir noch gar nicht kennen. Wenn sich diese der Seele bemächtigen, so bringen sie Dunkelheit, Härte, Versteifung, eben «Hypochondrie», in die Seele:

«Daher haben die Alten, wenn sie zum Beispiel von ‹Hypochondrie› gesprochen haben, nicht so gesprochen wie oftmals der moderne Mensch oder der Psychoanalytiker, dass die Hypochondrie nur etwas Seelisches sei, das da in der Seele wurzelt. Nein, Hypochondrie heißt ja: Unterleibsknorpeligkeit. Die Alten haben ganz gut gewusst, dass das, was Hypochondrie ist, in einer Versteifung, in einer Verhärtung des Unterleibsystems (also des Willens,

d. V.) seinen Grund hat. Und die englische Sprache, die noch auf einer Etappe steht, die gegenüber den anderen europäischen Sprachen eine weniger vorgerückte Stufe darstellt, die hat in sich noch eine Erinnerung von diesem Zusammenhang des Materiellen mit dem Geistigen. Ich erinnere nur an das eine: Man nennt im Englischen seelische Depression – aber es ist nicht bloß seelisch – ‹spleen›. Die Milz heißt auch ‹spleen›. Und der ‹Spleen› hat mit der Milz sehr viel zu tun. Nämlich das ist nicht etwas, was man bloß aus dem Nervensystem zu erklären hat, sondern was man aus der Milz zu erklären hat …»[13]

Die Milz war aber im Altertum die Ursache der «schwarzen Galle», des rein irdisch-zerstörerischen Elementes im Blut, und damit auch die eigentliche Ursache für das Temperament der Schwere, der Melancholie (das heißt übersetzt «Schwarzgalligkeit»). Erst viel später hat man diese Art von Gemütskrankheiten rein ins Seelische und Soziale verlegt. Heute dämmert uns aber wieder, dass Seelisches und Organisches nur zwei Seiten einer Medaille, untrennbar und sich gegenseitig beeinflussend, sind. In der frühen Jugend zum Beispiel konsumiert der Mensch alle Eindrücke von außen bis in seine Organe. Diese teils überfordernden und negativen Eindrücke können in bestimmten belastenden Situationen aus dem Unterbewussten, zu dem ja auch die Organe gehören, wieder aufsteigen und die Seele irritieren. Wir nennen das dann in der Medizin «endogen», das heißt «von innen kommend», aber es war früher eben außen. Lief uns nicht als Kind schon oft die Galle oder der aggressive Magensaft über aus dauerndem Zank der Eltern, nur haben wir es damals nicht gemerkt. In bestimmten Lebenskrisen kann dann das bisher lichtvolle Seelenleben im Schlamm der Vergangenheit ertrinken. Die enge Verbindung von seelischem und leiblich-organischem Geschehen, wie wir sie auch heute noch kennen, hat man im Altertum schon genauestens beschrieben:

«Steigt die (schwarze) Galle nach oben in den Magen oder zum Zwerchfell, so entsteht Melancholie. Es entwickeln sich Blähungen, und ein übel nach Fischen riechendes Aufstoßen tritt ein; auch nach unten gehen laute Winde ab. Die geistigen Fähigkeiten werden beeinträchtigt. Die Alten bezeichneten wegen dieser Erscheinungen die Melancholischen auch mit dem Namen: Blähsüchtige … Die Melancholie besteht in einer durch eine fixe Idee hervorgebrachten Mutlosigkeit …»[14]

Hiermit haben wir die Beschreibung des Doppelaspekts eines Krankheitszustandes, der sowohl auf den Beginn einer Stoffwechselerkrankung wie Leberentzündung (Hepatitis) passt als auch für bestimmte Formen der Depression.

Wir können nun festhalten: Dauert bei einer organisch schwachen Konstitution und entsprechender seelischer Belastung das Trauern zu lange an, so kann daraus eine Gemütsstarre werden, aus der man sich nicht mehr befreien kann: die Depression. Bei dieser Krankheit steht besonders ein Organ im Vordergrund, das als Gemütsorgan bezeichnet wird: die Leber. Sie spiegelt dann gewissermaßen das durch die seelischen Belastungen krank gewordene Organische in die Seele zurück.

Man könnte, wollte man den an Depression Leidenden in ein mythologisches Bild kleiden, ihn im Gewand des an den Felsen des Kaukasus geschmiedeten Prometheus sehen, wie ja der Depressive zu sehr an seine Vergangenheit und damit an die rein irdisch-beschwerenden Ereignisse gekettet ist und nicht mehr davon loskommt. Interessanterweise nagt in dem Prometheus-Mythos jeden Tag das Kopftier, der Adler, an seinem Lebens- und Gemütsorgan, der Leber. Der Kopf als «Todespol», die Leber als «Lebenspol», sie stehen sich polar gegenüber. In der astrologischen und auch in der anthroposophischen Medizin ordnet man ja, wie wir sahen, die Kopftätigkeiten und damit alles Zusammenziehende, Konzentrierende dem Saturn zu, die Leber aber dem Jupiter. Der «joviale» Jupiter bringt alles zur Ausdehnung, ist weltoffen, verschwenderisch, ist innerer und äußerer Reichtum etc. Aus der Mythologie ist nun interessant, dass es Jupiter (Leber) ist, der gegen seinen Vater Saturn (Kopf) opponiert und sogar seine Herrschaft übernimmt. Es ist mythologisch gesehen der auf die Welt gerichtete Wille, der jetzt entwickelt werden muss und sich organisch über die Leber offenbart und ja bei der Depression tief greifend gelähmt ist. Dies gibt auch ein erstes Verständnis dafür, warum bei der Depression am «Sympathiepol» des Menschen, am Stoffwechsel-Gliedmaßen-System, gearbeitet werden muss. Da spielt die Leber als wichtigstes Stoffwechselorgan eine besondere Rolle, denn «die Leber … ist dasjenige Organ, das dem Menschen die Courage gibt, eine ausgedachte Tat in eine wirklich ausgeführte umzusetzen … Sehen Sie, so etwas enthüllt sich manchmal auf eine merkwürdige Weise, wenn eine Stockung des Willens auftritt. Wenn aber so etwas auftritt, dann liegt immer ein feiner Leberdefekt vor. Die Leber vermittelt immer das Umsetzen der vorgenommenen Ideen in die durch die Gliedmaßen durchgeführten Handlungen. So ist jedes Organ dazu da, irgendetwas zu vermitteln.»[15]

Dass die Leber etwas mit den Willenskräften in unserer Muskulatur zu tun hat, weiß man in der Medizin, denn sie stellt unter anderem den Zucker für den tätigen Muskel zur Verfügung.

Vom Zorn zur Aggression

Den entgegengesetzten Gemütszustand wie bei der Trauer und ihrer krankhaften Steigerung in der Depression haben wir im Zorn, der wiederum in seiner Vereinseitigung der Mutterboden aller Aggressionen ist, des meist besinnungslosen und vernunftlosen Drauflosschlagens. Obwohl polar, sind Aggression und Depression eng miteinander verknüpft. Denn eine Depression kann sich durch bestimmte Umstände explosiv nach außen entladen, während eine Aggression, hinter der ja manchmal ein verzweifelter Ruf nach Hilfe steht, in eine Depression umschlagen kann. Es ist in diesem Sinne auch nicht unberechtigt, die Depression als eine Form der auf den Menschen selbst gerichteten Aggression, als eine «Autoaggression», zu sehen. Der Dolch wird gewissermaßen auf ihn selbst gerichtet, was sich in organischen Krankheiten wie immunologischen Störungen und Krebs äußern kann.

Was ist nun die Bedeutung des gesunden, «edlen» Zorns? Er ist eine der wesentlichen, aber dumpfen Empfindungsreaktionen unseres Ich auf die Umwelt, wenn wir zum Beispiel durch Törichtes, Unmoralisches, Ungerechtes etc. persönlich betroffen sind. Wir «entflammen» uns gewissermaßen. Wir können dabei zwar noch nicht von einem klaren Urteilsvermögen sprechen, denn der Zorn macht uns in gewisser Weise blind; wir versuchen, unser Wesen der Welt mit Gewalt entgegenzustellen. An diesem Gegensatz zur Welt spüren wir elementar unser Anderssein, unser ganz persönliches Ich-Wesen. Denn könnten wir nicht zornig werden, so wären wir ja immer mit allem in der Welt eins und die Tatsachen der Welt würden gleichgültig an uns vorübergehen. Durch den Zorn spüren wir «den Stachel unseres eigenen Ich» (Rudolf Steiner), aber diese Selbstgefangenheit kann uns den Tatsachen gegenüber blind und dumpf machen. Wir vergiften uns dann selbst und können nur durch Schmerzen zur Einsicht gelangen. Die innere Betroffenheit, die sich im Zorn erst einmal elementar äußert, ist das erste und wichtigste Ich-Empfinden in der Jugend und die Voraussetzung, dass sich später aus dem Zorn die wahre Selbstlosigkeit entwickelt. Denn wie soll man selbstlos werden, wenn man nie ein Selbst gewesen ist?

«Wer das Leben betrachtet, der wird sehen, dass derjenige, der nicht in edlem Zorn erglühen kann über ein Unrecht oder eine Torheit, auch niemals zur wahren Milde und Liebe kommen kann. Wenn Sie das Leben betrachten, so werden Sie sehen, dass derjenige, der einem Unrecht oder einer Torheit gegenüber in edlem Zorn erglühen kann, im schönsten Sinne auch sich ausbildet jenes liebedurchglühte Herz, das aus der Liebe heraus das Gute tut. Liebe und Milde sind die andere Seite des edlen Zorns. Überwundener Zorn, geläuterter Zorn wandelt sich in Liebe und Milde. Eine liebende Hand, sie wird selten in der Welt zu finden sein, wenn sie nicht auch in der Lage war, in gewissen Zeiten sich zur Faust zu ballen über dasjenige, was in edlem Zorn über ein Unrecht oder eine Torheit gefühlt werden kann … Verwandelter Zorn ist Liebe im Leben.»[16]

Wird dieser gesunde Zorn, dieses erste Regen des Ich in der eigenen Seele, in der Jugendzeit schon nicht zugelassen oder sogar unterdrückt, so folgen Gefühlsstauungen, die nach innen schlagen und zur Selbstaggression, das heißt Depression (= «Niederdrückung») oder auch zur Daueraggression nach außen werden.

In der psychotherapeutischen Praxis bei Depressiven hat man oft diese zwei Formen: Menschen, denen man helfen muss, sich endlich einmal im gesunden Sinne Luft zu machen über gewisse, jahrelang unterdrückte Ereignisse, oder denen man helfen muss, den ewig währenden Zorn und die Empörung durch Verständnis und Vergeben in Milde und letztlich in Liebe zu «kompostieren». Im ersten Fall muss aus dem noch immer «lieben Kind», dessen Ich man schon früh gebrochen hat, ein echter, liebefähiger Erwachsener werden, der auch die Opposition nicht scheut. Das aber geht nicht, ohne sich erst einmal als eigenes Wesen im Gegensatz zur Welt zu spüren. Im zweiten Fall wird man versuchen, die noch dumpfen und grollenden Kräfte in der Aggression durch Erkenntnisarbeit in höhere Kräfte umzuwandeln, ohne die seelischen Energien zu blockieren und die negativen Ereignisse gesundzubeten. Entfallen aber die Willenskräfte des gesunden Zorns, die in Opposition zur Welt stehen, immer weiter der weisheitsvollen Regentschaft des Kopfes, der Vernunft, so werden sie sich «entfesselt» verselbstständigen und zu zerstörerischen Kräften, die in amokartiger, blinder Zerstörungswut ohne Sinn und Verstand enden. Fesselung und Entfesselung sind die extremen Tendenzen des Ich bei Depression und Aggression.

Die heilende Kraft des Gemüts

Die Frage kann nun entstehen: Was ist geschwächt, wenn der Mensch seelisch nicht die Balance zwischen innen und außen halten kann und in die zuvor erwähnten Einseitigkeiten abgleitet? Es ist diejenige Kraft der Seelenmitte, die sowohl zur Erkenntnistätigkeit als auch zum Willen eine Beziehung hat, also nach oben und unten, innen und außen, die wir als «Gemüt» bezeichnen. Das «Ge-müt» umfasst (seine Vorsilbe «ge» besagt das schon) verschiedene mut-, das heißt willensartige, aus dem Seeleninneren produzierte Tätigkeiten wie zum Beispiel Gleichmut, Demut, Starkmut, Hochmut etc. Entspricht das seelische Innere dem Äußeren, so findet sich der Mensch im Einklang mit der Welt, es ist ihm «gemütlich». In der griechischen Sprache heißt Gemüt «thymos», das mit dem Verb «thyein», das heißt «sich hingeben, opfern», zu tun hat. Die Thymusdrüse ist interessanterweise auch die Drüse, die in der Mitte, hinter dem Brustbein sitzt und sich auf das Herz auflagert. Auf sie klopfen wir im «Brustton der Überzeugung», wenn wir auf unser

Persönlichstes deuten. Durch die Sinn- und Seelenent-
leerung der Welt, den Mangel an gesunden Sinnes- und
Wahrnehmungserlebnissen und den passiven, rein von
außen gesteuerten Lebensstil verkümmert das Gemüt
schon in frühester Kindheit. Dadurch treten schon in
der Jugendzeit Gemütsverarmungen auf, die man auch als
«seelische Anämie (Blutarmut)» bezeichnen könnte, die
dann später zu einem Gemütsstau (bei der Aggression)
oder zur Gemütskälte (bei der Depression) führen können. Die zentralen Willenskräfte in der Seele verhungern
und suchen sich dann in Drogen, Alkohol, Sexualität,
Fernsehen und anderem eine Ersatzbefriedigung, hinter
der aber wegen der seelischen Leere immer die Depression, die Dunkelheit, lauert.

Die Gemütskräfte werden also schon in der Jugendzeit
im Elternhaus und in der Schule veranlagt. Ein Mensch
wird umso gemütsstärker, je mehr er mit seiner Seele Anteil an der Welt nimmt und sich mit ihr in Einklang finden
kann. Überintellektualisierung, Passivität, mangelnde Identifikation mit der Umwelt und massive Reizüberflutung
bringen die Gemütskräfte schon früh zum Absterben. Der
Mensch braucht innere Bilder und Ideale, um den Stür-
men des Lebens gewachsen zu sein und nicht sofort einer
Depression zu verfallen. Muss er sich dauernd nach außen
anpassen, so wird er innerlich ersticken oder starke Aggressionen gegen das Außen entwickeln:

«Darum ist es von grundlegender Wichtigkeit, welches Geistesgut, welches Menschenbild in das Gemüt des Kindes eingesenkt wird. Die Märchen sind aber das wichtigste Bildungsmittel für das Kind, weil ihm damit keine abstrakte Tugendlehre, sondern eine lebendige Schau der Fülle und Gegensätzlichkeit des Lebens nahegebracht wird. Das Märchen ist die erste Saat, die in das Gemüt des Kindes gesät wird. Darum bestehen die Worte von Johann Gottfried Herder zu Recht: ‹Ein Kind, dem Märchen niemals erzählt worden sind, wird ein Stück Feld in seinem Gemüt behalten, das in späteren Jahren nicht mehr bebaut werden kann.› Und dies bedeutet, dass solche Erwachsenen ein Stück Wüste in sich beherbergen. Von der Wüste im Menschen aber weiß Nietzsche zu berichten: ‹Die Wüste wächst. Weh dem, der Wüsten in sich birgt.› Dies will besagen: Wenn das Gemüt des Kindes nicht wie ein Garten gepflegt und zum Blühen gebracht wird, wird es zur Wildnis, zur Wüste. Dann besteht die Gefahr, dass dieses Kind späterhin zu einem gemütlosen, fantasielosen, nur durch Sachzwänge bestimmten Menschen heranwachsen wird, zwar geeignet für einen guten Beamten oder einen tüchtigen Manager, aber nicht zu einem mitmenschlich gestimmten Bürger …»[17]

Bei der Behandlung von Depressiven und Aggressiven müssen die teils verschütteten, teils brachliegenden Gemütskräfte nachträglich gebildet werden. Eine der wichtigsten

Hilfen ist dabei die bewusste Beziehung zur Natur, zu anderen Menschen, zur Kulturwelt, zur Kunst etc. Mit einem Wort: Weltinteresse und nicht Eigeninteresse.

Sowohl in der Depression wie auch in der Aggression haben wir einen Verlust des inneren Menschen vor uns: Einmal sind es mehr die Willenskräfte, zum anderen mehr die Kräfte der Einsicht und der Erkenntnis. Sie bergen aber auch – sieht man sie als immer stärker um sich greifende Zeitkrankheiten an – den berechtigten Vorwurf, den das Selbst wegen seiner Entfremdung gegen sich selbst oder gegen die Umwelt macht. Diese Kulturkrankheiten sind nicht allein durch äußere Maßnahmen zu heilen. Der Mensch muss durch die Schmerzen in seiner Seele zur Erkenntnis seiner geistigen Bestimmung kommen.

«... wenn aber nun der Arzt gerade zur Arznei dem Kranken Anstrengung seines Verstandes verschreibt. Wer sich selbst fehlt, kann nur dadurch geheilt werden, dass man ihm sich selbst verschreibt.» (Novalis)[18]

«Viele Menschen sprechen heute von ihrem Inneren. Sie reden von den Bedürfnissen des Inneren. Sie reden davon, dass ihre Seele mit dem und jenem nicht fertig werde. In Wahrheit werden ihr Magen und ihre Gedärme nicht fertig. Und dieses, was sie vom seelischen Leben reden, ist im Grunde genommen nur ein Wortausdruck für dasjenige, was im Stoffwechsel vor sich geht. Und es ist so, dass die Menschen nicht der Wahrheit gemäß zugeben würden: Mein Magen, meine Gedärme, Milz und Leber oder sonstige Dinge sind in mir nicht in Ordnung – sondern sie sagen: Meine Seele hat diese oder jene Schwierigkeiten. – Das klingt besser, vornehmer für manche Menschen, das halten sie für weniger materialistisch.»[19]

Rudolf Steiner

Die körperlich-seelische Ebene
der Depression

Organe und Seelenleben

Die tägliche Umgangssprache ist voll von Redewendungen, die die innige Beziehung der verschiedenen Seelentätigkeiten zu den betreffenden Organen veranschaulichen. Unter einem Organ versteht man in der geisteswissenschaftlich orientierten Medizin nicht allein den sichtbaren Gewebezusammenhang, sondern vielmehr den Prozess, die Tätigkeiten, die ein Organ im gesamten Organismus leiblich und seelisch vollzieht. Ähnlich wie zum Beispiel der Mond nicht nur ein physischer Ort weit weg am Himmel ist, sondern seine Wirkungen über den ganzen Kosmos ausbreitet. Denken wir daran, wie er sowohl unsere Fantasie beeinflusst, aber auch das Wachstum, Ebbe und Flut, die Menstruation, die Geburt, Wachen und Schlafen etc. So erstreckt sich zum Beispiel der Einfluss der Leber, unser wichtigstes Wasserregulierungsorgan, auf den ganzen Organismus: auf die Feuchtigkeit der Haut, den Aufbaustoffwechsel, das Gehirn und auch auf das Gemüt, besonders dann, wenn uns «eine Laus über die Leber läuft». So kennt man zum Beispiel in der chinesischen Medizin schon lange diesen Doppelaspekt der Leber zwischen rein seelischen Ursachen wie Aggressivität, Wut und unterdrücktem Ärger und den daraus resultierenden spezifischen körperlichen Symptomen wie Kopfschmerzen, Übelkeit, Blähungen, dadurch bedingtem Druckgefühl auf der Brust, erhöhtem Blutdruck – also alles, was mit «Gemütsstauungen» zu tun hat.

«Krankheiten müssen als körperlicher ‹Wahnsinn›, und zwar als fixe Ideen zum Teil angesehen werden.» (Novalis)[20] Zu bestimmten Zeiten der Menschheitsentwicklung haben die Menschen bestimmte Organe in den Mittelpunkt ihres Bewusstseins gerückt und diese dann besonders gepflegt. So stand in Indien in der Yogakultur die Atmung und dadurch das Umweltorgan Lunge im Vordergrund, in Ägypten das Verinnerlichungs- und Gewissensorgan Herz. Im Alten Testament lesen wir viel über die Niere («auf Herz und Nieren prüfen», «der Herr hat mich über meine Nieren gestraft», wenn man schlecht geträumt hatte etc.).

Heute ist das kulturbestimmende Organ das Gehirn, aus dem man alles glaubt erklären zu können.

Wir können erleben, dass die Organe weit über die normale Stoffwechsel- und individuelle Seelentätigkeit hinausreichen. Aber schon die weisheitsvolle Alltagssprache gibt ein ganz neues Bild von den Organtätigkeiten. Bei seelischer Überforderung «verschlägt es uns den Atem»; wenn wir überrascht sind, «bleibt uns die Spucke weg»; bei Zorn «läuft uns die Galle über»; bei Kindern äußern sich die ungeweinten Tränen des Tages in der Nacht durch Niere und Blase als Bettnässen.

Wir werden später sehen, wie wichtig für den gesamten Leib, der ja bei der Depression aus den Licht- und Wärme-verhältnissen herausgefallen ist, eine gesunde Ernährung und verschiedenste Medikamente sind. Zunächst wollen wir uns gewisse Organe, die die leibliche Grundlage für die Lebens-, die Seelen- und die geistigen Tätigkeiten abgeben, genauer anschauen. Daraus werden sich dann die Konsequenzen für eine Organbehandlung bei der Depression ergeben.

Lunge und Herz als Organe des Zwiespalts

Fangen wir mit den zwei Organen an, durch die wir am intensivsten mit den Lebensprozessen der Umwelt und unseres eigenen Körpers verbunden sind: Lunge und Herz, die Beleber und Beweger unseres Blutes.

Die Lunge ist das Organ, das am stärksten mit der direkten Umwelt, erstaunlicherweise aber besonders mit der Bodenbeschaffenheit, der Geologie, zusammenhängt. Wir verstehen unter diesem Aspekt die Bedeutung des Ortswechsels bei Krankheiten wie Asthma, Bronchitis, Tbc etc. Die Lunge «liebt» Kiesel- und Granitböden, hat oft aber Probleme mit dem Kalk. Die Lunge ist das räumlich größte, kälteste und härteste der inneren Organe. Tut der Mensch seinen ersten Atemzug, so verselbstständigt er sich und stellt sich der Umwelt gegenüber, er spaltet sich gewissermaßen von dem Mütterlichen ab. Der Zusammenhang von Seelischem und Lunge zeigt sich, wenn die Lunge erkrankt und vereinseitigt, wenn sie zu sehr «Erde» wird: im Atmungskorsett, in der Negation, Selbstfixierung, Illusion, Zweifel- und Kritiksucht, in der Opposition der Welt gegenüber. Dies können wir auch als einseitig gewordene Einatmung, als Antipathiegeste verstehen. Die psychosomatische Forschung weist darauf hin, dass sich der Asthmatiker beim Asthmaanfall von den Problemen zurückzieht und damit sein «Nein zur Welt» ausspricht. Die

Lunge bekommt somit eine kopfige Tendenz, wie wir sie ja bei dem «Antipathiker» Kopf schon kennengelernt haben.

Zwei Aussagen von Lungenkranken, Franz Kafka und Horst Eberhard Richter, sollen das verdeutlichen. «Es war so, dass das Gehirn die ihm auferlegten Sorgen und Schmerzen nicht mehr ertragen konnte. Es sagte: ‹Ich gebe es auf; ist hier aber noch jemand, dem an der Erhaltung des Ganzen etwas liegt, dann möge er mir etwas von meiner Last abnehmen, und es wird noch ein Weilchen gehen.› Da meldete sich die Lunge, viel zu verlieren hatte sie ja wohl nicht. Diese Verhandlungen zwischen Gehirn und Lunge, die ohne mein Wissen vor sich gingen, mögen schrecklich gewesen sein … Ich bin geistig krank, die Lungenkrankheit ist nur ein Aus-den-Ufern-Treten der geistigen Krankheit …»[21]

Auch das Nicht-verstehen-Wollen, das Nicht-wahrhaben-Wollen äußerer Ereignisse kann dieses Umweltorgan so schädigen bzw. überwältigen, dass wir uns an Leib und Seele gelähmt aus der Welt zurückziehen.

«Als ich wenige Wochen später unser halb zerstörtes Mietshaus in Berlin betrat, fand ich in den von einer Sprengbombe halbwegs verschont gebliebenen zwei restlichen Zimmern unserer alten Wohnung im dritten Stock ein ungarisches Paar: Ob ich denn nicht wüsste, dass meine Eltern schon im Juni 1945 umgekommen seien? Wie? Das sei auf dem Dorf passiert, wo sie wegen der Bomben gelebt hätten. Die Russen … Einen Tag nach diesem Schock fing ich an zu fiebern: Lungenentzündung. Krankenhaus. Dort lag ich mehrere Wochen. Das Fieber war längst weg, der Lungenbefund wieder in Ordnung. Aber ich konnte, wollte nicht gesund werden. Ich konnte mich nicht auf den Beinen halten. Wieder einmal waren es die Beine. Ich erinnere mich, wie ich, von dem Internisten und zwei Schwestern kritisch beäugt, eine Art Gehtest absolvierte. Ich ging ganz ungelenk und schämte mich. Natürlich spürte ich, dass es nicht an meinen Beinen lag.»[22]

Man sieht daraus deutlich, dass organische Krankheiten zu «Rettern» der Seele werden und man an ihrer zeitweise krankhaften Reaktion eine höhere Weisheit erkennen kann, die uns alles andere als depressiv stimmen sollte.

Das Herz ist im Gegensatz zur Lunge ein reines Innenorgan, das mit dem Zentralsten im Menschen, dem Blut, in innigster Verbindung steht. Es ist das Zentrum der Seele. Der Mensch ist somit schon physiologisch in Äußerlichkeit (Lunge und Denktätigkeit) und Innerlichkeit (Herz und Gefühl) gespalten. Ein Bild der Urentzweiung, die ja im Leben nie so ganz zur Übereinstimmung kommt. Rudolf Steiner hat einmal ausgeführt, dass zwischen Denken und Fühlen, Lunge und Herz die eigentliche «Amfortaswunde», der «zwîfel» sitzt, die Gespaltenheit im Wesen des Menschen. Die Ägypter haben das Herz noch als ein Schicksalsorgan und Organ des inneren Wissens, des «Ge-Wissens» angesehen, das an überwältigenden und einschneidenden Schicksalsereignissen zerbrechen kann (Herzinfarkt). Mit dem Herzen könnten wir eigentlich die Zweiheit, den Zweifel und die Entzweiung überwinden, wenn es uns gelingt, eine neue Herzenssprache bzw. Herzensintelligenz zu finden, die Mensch und Welt, Denken und Fühlen vereinigt, wie wir das beim Gemüt sahen. Rudolf Steiner hat zum Beispiel die Anthroposophie als neue Herzenssprache angesehen.

Zunächst aber ist unser Herz-Lungen-System Grundlage der Zweiheit von Weltoffenheit und Selbstbezug. Wird dieser Bruch zwischen eigener Seele und Umwelt zu stark, so treten der Zweifel und die Verzweiflung ein. Bei der Depression steht neben den Atemstörungen, die manchmal mit einem harmlosen Räusperzwang beginnen können, die Missempfindung des Herzens als des eigentlichen Schicksalsorgans im Vordergrund. Treten dadurch auch Ängste auf, so kann die Umweltangst über die Lunge, die Todesangst über das Herz behandelt werden.

Die Nieren als Organ der Seelendumpfheit

Gehen wir nun tiefer in den Körper hinunter und schauen wir uns die Nieren, ein paariges Organ, an, die hinten, außerhalb des Bauchfells liegen. Wie die Seele in bewusster Weise durch die Augen in die Welt schaut, so nimmt die Seele in unbewusster Weise durch die Nieren, das «dumpfe Augenpaar», die von den vegetativen Nerven gesteuerten Stoffwechselorgane wahr. Nieren und Nebennieren regulieren ja u. a. die Emotionen, die sich dann in hohem Blutdruck, Bauchkrämpfen, Durchfall, Atemnot etc. ausdrücken. Auch ist der Zusammenhang von Augen und Nieren, zum Beispiel der Zusammenhang von unterdrücktem Weinen und daraus resultierendem Wasserlassen (zum Beispiel beim Bettnässen) in der psychosomatischen Medizin bekannt. Die Nieren sind also die unbewussten Seelenorgane, die «dumpfen Augen» für den gesamten Bauchraum und befördern auch den Stoff nach außen, der den Menschen immer etwas abdumpft: den Stickstoff, der in großer Menge im Eiweiß von Fleisch und Hülsenfrüchten enthalten ist. Bei Nieren- und Blasenerkrankungen werden die Haut und das Auge lichtundurchlässig und stumpf. Wir denken auch an das stumpfe, aufgequollene Gesicht von Nierenpatienten, wenn sie morgens aufwachen. Oft sind sie auch den Sinneseindrücken gegenüber ganz apathisch. Viele Depressive müssen erst einmal über die Nieren behandelt werden, damit sie wieder ein klareres Tagesbewusstsein bekommen.

Schon rein anatomisch zeigen die Niere und die Nebenniere ihre innige Beziehung zu den vegetativen Nerven. Das mehr Unbewusste der Seele, das Emotionale, das

Temperamentmäßige, das rein individuell-seelische Gleichgewicht unterliegen der Nierentätigkeit. Man hat sie auch
einmal als «Partnerorgane» bezeichnet, die die seelisch-
emotionale Beziehung offenbaren. Wenn es an die eigenen
Emotionen geht, dann geht es eben «an die Nieren».

Würde man die vergangene und gegenwärtige Be-
wusstseinslage der Menschheit beschreiben, so müsste man
sagen, dass in der Yogakultur durch die Pflege der Atmung
und der Lunge noch ein natürliches Geistbewusstsein von
Welt und Innenleben bestand, das sich heute aber immer mehr auf den eigenen Bauch und die persönlichsten
Emotionen beschränkt, und dass der Mensch dadurch den
geistigen Kräften in sich und in der Welt stumpf und unbewusst gegenübersteht, wie Parzival, der «tumpe Tor».
Der Materialismus und die damit verbundene Egoität und
Seelenblindheit werden so zur «geistigen Nierenkrankheit»
(Rudolf Steiner) der modernen Menschheit.

Dadurch wird die Aufgabe für die bewusst lebenden
Zeitgenossen evident: Was man auf rein organische Weise
passiv von außen nicht mehr bekommt, muss man nun
innerlich, aus eigenen Kräften des Ichs erzeugen und der
Welt auf neue Art bewusst wiedergeben. Dazu muss die innere Fähigkeit von seelischer Erwärmung, das heißt Gemüt
und Begeisterung, ausgebildet werden, die ja nicht durch
Egoität und Eigen-, sondern nur durch Weltinteresse entsteht. In diesem Zusammenhang spielen die eigentlichen

Stoffwechselorgane Milz, Leber und Galle eine wichtige Rolle, die u.a. das Blut für die «Begegnung» mit der stofflichen Außenwelt, der Nahrung, zubereiten.

Leber und Galle als Organe der inneren Beseligung

Die Leber ist ein Wasser-, Lebens-, Aufbau- und Nachtorgan, das besonders im Zuckerstoffwechsel eine wichtige Rolle spielt. Zucker stärkt und macht das Ich wach und aktiv. Sie regeneriert die verbrauchten Lebenskräfte des Tages («Leber» und «Leben» haben sprachlich einen Zusammenhang, im Russischen heißt Leber «Petschen», was von «Petsch» = «Ofen» und «Backen» kommt). Bei der Depression wacht der Kranke morgens meist angeschlagen, ausgekühlt und apathisch auf, das heißt, er bringt die kränkenden Kräfte aus der Nacht mit in den Tag hinein. Das «Wasser des Lebens» ist «zähflüssig» und träge geworden, was man daran sieht, dass der Mensch den ganzen Tag braucht, um den leiblichen Widerstand zu durchbrechen. Abends hat er es dann meistens geschafft und ist relativ wach und munter. Viele Depressive wachen morgens zwischen 1 und 3 Uhr auf, wenn die Leber ihre Arbeit wieder beginnt. Der Erfolg der Schlafentzugstherapie bei Depressionen hängt u.a. damit zusammen.

Die Galle dagegen ist ein reines Tages- und damit Abbauorgan, das den Stoffwechsel und damit das Wachsein anfeuert. Fließt die Galle nicht richtig, stockt die ganze Verdauung und der Mensch wird träge, eben zu wenig «gallig». Stocken aber Leber und Galle, so wird der innere und äußere Wille lahm und schwer und auch die Weltbegegnung verdunkelt. Denn die Galle begegnet ja als einer der aggressivsten Säfte im Organismus der stofflichen Außenwelt in der Nahrung, zerstört sie und bereitet sie so für das Blut vor. Auseinandersetzung mit der Welt heißt also im gesunden Sinne «gallig» werden. In der alten Medizin hat man die Gallenflüssigkeit wegen dieser Tätigkeit auch als «Mars», den Kämpfer und Zerstörer bezeichnet. Bei der Depression müssen beide Organe, die Leber als Lebens- und die Galle als Mutorgan behandelt werden, damit der *Lebensmut* wieder entsteht.

Leber und besonders Galle werden so die organischen Urbilder von Aktivität und Lebendigkeit. Die rein organische Tätigkeit und Stoffbewältigung strahlen aber in die Seele als Freude, Kraft und innere Seligkeit, als aktives Ja zur Erde und letztlich als Vertrauen zu sich selbst, wenn man von außen Kommendes durch Eigenaktivität bewältigt hat.

So können wir auch verstehen, dass in früher Kindheit ein jähzorniger Elternteil oder Lehrer den Willen des Kindes und damit die gesunde Weltbegegnung unterdrücken kann und sich später in den Willensorganen Galle und Leber organische Störungen zeigen, die zu «herunter-drückenden», das heißt depressiven oder auch aggressiven Erscheinungen führen können.

Wir müssen gerade bei den «endogenen Depressionen» davon ausgehen, dass sich vor Ausbruch der Krankheit, meistens in der Jugendzeit, seelische Belastungen vielfältigster Art auf dem Umwege über das Gemütsorgan Leber ablagern, dort von dem Organ selber zwar aufgenommen werden, aber physisch nicht zu Konsequenzen führen. Man könnte sagen, die Leber ist seelisch belastet und schickt irgendwann, nachdem das «unordentliche Hereinwirken der Seele» (Rudolf Steiner) lange genug bestanden hat, das Belastende oft nach Jahrzehnten wieder in die Seele zurück. Dies taucht dann im Bewusstsein so auf wie ein vor langen Jahren abgesunkenes Stück Holz, das plötzlich bei entsprechendem aufwühlendem Sturmwind verfault auf der Wasseroberfläche treibt. Die seelischen Probleme müssen sich aber nicht unbedingt über das Organ im Seelenleben widerspiegeln, sondern können als rein organische Krankheit vom Organ selbst festgehalten werden, sodass die Seele relativ gesund bleibt.

Im Falle von Adalbert Stifter, der seine starken Aggressionen nicht ausleben konnte, entwickelte sich «stellvertretend» eine bösartige Leberkrankheit, die zwar immer wieder zu seelischen «Leberstörungen» wie quälende Angst, peinigende Schwermut und hypochondrische

Selbstbeobachtung führte, aber interessanterweise seinem geistigen Werk vollkommene Abgeklärtheit, Harmonie und Frieden schenkte. Das war der organisch-seelische Preis für einen lebenslangen, zermürbenden Kampf, um die «tigerartigen Anlagen» und fürchterlichen Leidenschaften niederzuhalten, ohne sie umzuwandeln. Schreiben wurde bei Stifter nicht zum gesunden Ausdrucks-, sondern zum Abwehrmittel. Die Gewalten der Tiefe müssen nämlich verwandelt und damit erlöst werden und dürfen nicht unterdrückt bleiben, wie wir dies so eindrucksvoll zum Beispiel bei Goethe sehen können. Dem Werke Stifters hat diese Krankheit aber keinen Abbruch getan, nur ihm selber. Krankmachend sind eben die Leiden, die keine Entlastung durch Erlebnisbewältigung finden können. «Eindrücke ohne Ausdrücke erregen Krankheit.» Diese Erkenntnis wird in vielen psycho- und kunsttherapeutischen Verfahren bei seelischen Krankheiten angewandt.

Bei der Depression ist aber der Mensch zu schwach, um über seine Seele die Organe zu gesunden. Dazu müssen dann bestimmte Heilmittel gegeben werden, die ihn in diesem Kampf unterstützen. Geht es ihm dann seelisch besser, verschwinden auch die körperlichen Folgeerscheinungen. Davon soll im nächsten Kapitel die Rede sein.

«Außer dem Physischen, sagte der Geistliche, das uns oft unüberwindliche Schwierigkeiten in den Weg legt und worüber ich einen denkenden Arzt zu Rate ziehe, finde ich die Mittel, vom Wahnsinne zu heilen, sehr einfach. Es sind eben dieselben, wodurch man gesunde Menschen hindert, wahnsinnig zu werden.»

Goethe, Wilhelm Meisters Lehrjahre

Die leibliche Therapie

Dass man von seiner Seele aus auf seinen Leib wirken kann, hat jeder von uns schon vielfältig erlebt. Unser Körper ist unserer Seele nichts Fremdes, sondern ein Teil ihrer Möglichkeit, sich nach außen zu offenbaren. Man könnte den Leib auch als physisches Werkzeug der Seele bezeichnen. Die zunächst verborgenen Seelenkräfte «sprechen» gewissermaßen zu uns über die Augen, die Hände, die Haut, die Nieren etc. In ihrer Not «besetzt» die Seele einzelne Organe, krallt sich in ihnen fest, sodass sie uns bewusst werden. Wir nennen das dann Schmerz oder Krankheit. Manchmal macht einem erst die Migräne bewusst, dass man sich zu viel in den Kopf gesetzt hat oder immer mit dem Kopf durch die Wand will. So kennt die heutige sogenannte psychosomatische Medizin die vielfältigsten seelischen Störungen, die sich in ganz individueller Art über die Organe äußern. Auch bei einer Depression haben wir ja die mannigfaltigsten Erscheinungsbilder organischer Symptome, die wir aber als Projektion der kranken Seele auf den Leib zu verstehen haben. Diese Tatsachen sind heute für jedermann nachvollziehbar, weil uns die eigene Seele als inneres Beobachtungsfeld zugänglich ist und wir die auftretenden körperlichen Symptome dazu in Beziehung setzen können. Umgekehrt aber haben wir unsere liebe Not, primär körperliche Krankheiten, besonders solche, die noch nicht massiv leiblich an die Oberfläche getreten sind, mit seelischen Störungen in Verbindung zu bringen. Denn wie können Leber, Niere, Galle etc. plötzlich rein seelische Symptome wie Angst, Verzweiflung, fixe Ideen etc. erzeugen? Dazu bedarf es eines ganz anderen Organbegriffs.

Wenn uns auch heute noch viele Dinge nicht durchschaubar sind, so wissen wir doch aus der ganz banalen alltäglichen Erfahrung eines: Was der Seele gut tut, das tut auch dem Körper gut, und umgekehrt. Wird die Depression immer schwerwiegender und können wir den Menschen nicht mehr ansprechen, müssen wir ohnehin vom Leiblichen oder Medikamentösen ausgehen. Das Medikamentöse hat dann seine Berechtigung, wenn durch die Prozesse von Licht und Wärme, von Auftrieb und harmonischer Bewegung der Seele geholfen wird, sich aus der Erstarrung und Erdenschwere zu befreien. Dazu kommt noch, dass nicht alle Formen der Depression rein seelisch bedingt sind. Wie wir schon sahen, brechen oft Ungesundheiten bestimmter Stoffwechselorgane wie Leber, Galle und Nieren vom Unbewussten in das Bewusstsein und müssen auf der leiblichen Ebene angegangen werden. Das heißt nun nicht, dass man nicht gleichzeitig von der psychischen Ebene aus nachhilft. Aber alles Seelische nur vom Seelischen bedingt zu sehen, ist nicht tatsachengemäß. Gerade bei der Depression fällt einem ins Auge, welch wichtige Rolle der physische Leib bei der Überwindung der Krankheit spielt.

Wir müssen davon ausgehen, dass bei einer Depression der physische Leib des Menschen immer mehr den seelischen und geistigen Kräften entfällt, sich somit verselbstständigt, das heißt den irdischen Kräften der Schwere und Dunkelheit folgt («keinen Auftrieb mehr haben»). Dies kann zum Beispiel durch starke seelische Belastungen geschehen, wodurch individuelle Entwicklungen erschwert werden und der Mensch von seinem inneren Lebensplan abweichen und sich rein äußeren Gesetzmäßigkeiten beugen muss. Oder es geschieht dadurch, dass sich im Laufe der Zeit viele Gift- und Fremdstoffe in seinem Leib abgelagert haben, die ihn von Licht und Wärme abspalten – der Leib wird dicht.

Wie aber kann einem Schwermütigen von innen und außen Auftrieb, Licht, Wärme etc. zugefügt werden, um ihm wieder die inneren Poren zur Welt zu öffnen? Wir wollen zusammen den «denkenden Arzt» im Sinne Goethes befragen, der auf gewisse Prozesse in der Natur sein Auge lenkt, um in der inneren Nacht der Seele den Weg zum Licht ebnen zu helfen.

Die im Folgenden aufgeführten Heilmittel sollten wegen der Komplexität der depressiven Erkrankungen in der Hand des Arztes bleiben, aber es soll hier an einigen Beispielen die Richtung aufzeigt werden, wie eine Brücke zwischen der Krankheit und dem Heilmittel zu finden ist. Aus dieser Vielfalt kann dann der Arzt Entsprechendes für den individuellen Fall wählen.

Aus dem zuvor Dargestellten ist die therapeutische Richtung klar: Wir müssen uns vornehmlich an das «Obere», an die Licht- und Wärmekräfte in der Natur und damit im Menschen wenden. Bei den Pflanzen sind es besonders die Blüten, die eine intensive Beziehung zu Licht und Wärme besitzen. Es kann aber auch die ganze Pflanze sein, besonders wenn sie feurige oder ölige Substanzen bildet. In der heutigen Naturheilkunde ist am bekanntesten das Johanniskraut (Hypericum), das zu der Jahreszeit blüht, in der Licht und Wärme am intensivsten sind, eben zu Johanni, ab Ende Juni. Sein rotes Öl und seine schwefelgelben Blüten machen den Menschen wieder für das Licht empfänglich, manchmal auch überempfindlich (sogenannte Fotosensibilität). Die ganze Pflanze mit ihren bitteren Extraktivstoffen wirkt bei Gehirn- und Nervenleiden «sehr stark und dauernd auf die innere Beweglichkeit der Seele und macht diese stark» (Rudolf Steiner). Wegen ihrer äußeren Dauerhaftigkeit nach dem Verblühen wurde sie im Volksmund auch «Hartheu» genannt.

Dann ist da noch der feurige Rosmarin, eine Pflanze, die vornehmlich im warmen Südeuropa zu Hause ist. Seine ätherischen Öle sind direkt mit den Ich-Kräften des Menschen in Verbindung zu setzten. Er «beseitigt die Unregelmäßigkeiten im physischen Leib, eröffnet den Ablagerungen den Abfluss und wirkt stärkend auf das Herz» (Rudolf Steiner), unsere innere Sonne. Wir wenden ihn gerne als Badezusatz an, aber so stark, dass man ihn auch riecht. Das Baden selbst hat noch den Vorteil, dass das warme Wasser dem Körper Auftrieb und ein warmendes Hüllengefühl gibt, das wir besonders durch den «Wärmeträger» der Natur, die Fette und Öle, noch verstärken können. Schon der Heilige Thomas von Aquin hat bei Depressionen neben dem Schlafen empfohlen, die Leiden des Herrn anzuschauen (das heißt den Blick nach außen, von sich auf größeres Elend wenden) und zu baden.

Wenn die zerstörerischen Erdenkräfte zu stark wirkten, so gab man schon zu alten Zeiten bestimmte Pflanzenblüten, um den Menschen von der Erde etwas wegzuheben. Im alten Griechenland gab man Honig von innen und Öl von außen. Durch Blüten «geraten die ganzen Lebenskräfte wieder in kosmische Schwingungen» (Rudolf Steiner). Die sogenannte «Bachblütentherapie» mit ausgesuchten Blütenextrakten bekommt so ihre tiefere Bedeutung.

Für die Diät ist es sehr wichtig, dass man sich möglichst an das Lichte und Leichte hält. Früchte und Zuckerarten in Form von Honig, der die Seele wieder «geneigt macht, in den Leib einzugreifen» (Rudolf Steiner). Wir haben wichtige Hinweise über die seelische Wirkung des Zuckers von Rudolf Steiner, der uns u.a. auch das erhöhte Zuckerbedürfnis bei Melancholikern erklärlich macht. Zucker hilft über das Ich, dass der innerliche Wille sich entfalten kann.

Wir sehen daran, wie man den Zucker nicht pauschal ablehnen kann, sondern ihn seinem inneren Wesen nach verstehen muss. Daraus wird auch der «Kummerspeck» verständlicher. Man panzert sich gegen die bedrohliche Außenwelt ab, in seine eigene Wärme, die man von außen nicht genügend bekommt. Falls Sie diesen Kummerspeck haben sollten, so trösten Sie sich; er hilft ihrer Seele zu überleben. Sollte Ihnen das nicht genügen, so trösten Sie sich mit dem «dünnhäutigen» Franz Kafka, der sich einmal über die Korpulenz des Dichters Franz Werfel geäußert hat, dass nur die Dicken nützliche Erdenbürger seien: «Im kalten Norden wärmen sie, und im Süden werfen sie mehr Schatten ...»

Generell sollte einer vegetarischen Milch-Pflanzen-Diät der Vorzug gegeben werden, da Fleisch das Blut dickflüssig macht und somit den Leib noch erdenschwerer. Von den Getreiden ist besonders der Hafer zu erwähnen, der mit seinen Phosphorverbindungen den Wärmeorganismus anfeuert und das Temperament feuriger, das heißt cholerischer macht («den sticht der Hafer»).

Denken wir in diesem Zusammenhang auch an den Lichtträger unter den Metallen, das Magnesium, das wir ja auch im Blattgrün finden. Magnesium und Chlorophyll lösen die seelischen und physischen Panzerungen auf und schließen den Menschen an das Licht an.

Ein besonderes Anliegen der anthroposophisch orientierten Metalltherapie bei der Depression ist die Verlebendigung der Leber und die Aktivierung der Gallenprozesse. Hier spielt besonders das Eisen und seine verschiedenen Verbindungen eine wichtige Rolle. Die Leber hat mit den Aufbaukräften in der Nacht, die Galle mit den Abbau- und damit Bewusstseinskräften des Tages zu tun. Die Lebenskräfte der Leber erstarren, wie wenn das lebendige Wasser plötzlich gerinnen würde. Der Patient spürt das seelisch als «Gemütsstarre». Der Mensch kommt nicht mehr erholt aus dem Schlaf. Die «feurige» Galle, die uns wach und im gesunden Sinne aggressiv macht, stagniert. Der Mensch in seiner inneren Seelenschau sieht tatsächlich schwarz: nämlich seine «schwarze Galle».

An dieser Stelle seien noch kurz die sogenannten physikalischen Maßnahmen erwähnt: die Eigenaktivität in der

Bewegung. Es ist seit langem bekannt, dass sich beginnende depressive Zustände durch Bewegung wesentlich bessern. Bewegung ist körperliche Überwindung der Schwerkraft, ist Hingabe an die Welt, zum Beispiel das Schwitzen ist Willenstätigkeit, ist aktive Wärmebildung. Gerade dort, wo der Wille zu Hause ist, im Stoffwechsel-Gliedmaßen-System, dort wird angesetzt. Also nicht im Kopf, wo sich der Depressive sowieso verfangen hat. Denn gerade der Kopf mit seinen Sorgen nagt immer an dem Lebens- und Stoffwechselorgan Leber, wie der Adler an der Leber des Prometheus.

Durch die rein körperliche Bewegung ruft der untere Mensch den oberen Menschen wach: Wir können besser denken, alle Stockungen in der Seele kommen wieder in Fluss. Die Zeit wird uns ja auch erst bewusst, wenn sich etwas bewegt, das heißt verändert. Und die steht ja beim Depressiven sowieso still. Sobald sich etwas innerlich und äußerlich bewegt, so heißt das für die Seele Entwicklung, Leben, Ziel. Bewegung geht also auf ein Ziel zu, in die Zukunft. Viele Depressionen, die ich behandelt habe, betrafen gerade Ehepaare, wo sich in der Partnerschaft nichts mehr bewegte, nichts mehr «lief». Eine trügerische Hoffnung, die «die Schwingen lähmte», ein Warten ins Leere begann …

Es sollten also alle Möglichkeiten der Bewegung bei seelischer Erstarrung ausgeschöpft werden. Jeder von uns kennt zum Beispiel die wohltuende Wirkung von Gartenarbeit, Wandern, Klettern etc. auf die Psyche. Einer, der sich durch große Bewegungsvielfalt hervorgetan hat, war Goethe. Wir erleben ihn als Tänzer, Fechter, Schützen, Reiter, Schwimmer, Eisläufer, Bergsteiger oder Wanderer. Eines seiner wichtigsten «Einweihungserlebnisse» hatte er mit 28 Jahren, als er im Winter den Brocken im Harz bestieg. Er befreite sich damit aus depressiv-hypochondrischem Nebel und stieg in die Klarheit des Gipfels. Eine innere Befreiung durch leibliche Überwindung trat ein. «Von der Gewalt, die alle Wesen bindet, befreit der Mensch sich, der sich überwindet.» Später hat er dann seine Erfahrungen noch einmal für die Nachwelt verdeutlicht: «… man werde sich aus einem schmerzlichen, selbstquälerischen, düstern Seelenzustand nur durch Naturbeschauung und herzliche Teilnahme an der äußeren Natur retten und befreien. Schon die allgemeinste Bekanntschaft mit der Natur, gleichviel von welcher Seite, ein tätiges Eingreifen, sei es als Gärtner oder Landbebauer, als Jäger oder Bergmann, zieht uns von uns selbst ab; die Richtung geistiger Kräfte auf wirkliche wahrhafte Erscheinungen gebe nach und nach das größte Behagen, Klarheit und Belehrung …».

An dieser Stelle wollen wir auch eine Form der Bewegung nicht vergessen: das Reisen. Man kann oft auch in fast aussichtslosen Fällen durch die Konfrontation mit neuen Eindrücken, bewegenden Ereignissen und häufigerem Ortswechsel erstaunliche Resultate erzielen. Nur muss man dies mit dem Patienten sehr individuell erarbeiten. Manchmal ist es die enorme Lichtkraft Nordeuropas im Sommer, mal die einhüllende Wärme des Südens, mal die kühle und gigantische Natur Islands etc.

Das Reisen war immer auch Eigentherapie bei berühmten Künstlern, um ihrer Seelendüsternis zu entfliehen. Wir denken da besonders an Kleist, Rilke, Strindberg, Tschechow, Goethe usw.

Abschließend sei gesagt, dass durch physische Maßnahmen der depressive Mensch Besserung erfahren kann: durch Ernährung, Bewegung und Heilmittel. Dass man für Seele *und* Leib immer gleichzeitig etwas tun muss, steckt schon in der Klosterregel des «Ora et labora» – bete und arbeite, das heißt: tue innerlich *und* äußerlich etwas.

Wie körperliche Gebrechen und seelische Krankheit innigst zusammengehören und wie man gerade durch Besserung der rein leiblichen Gebrechen auf die Gesundung der Seele Einfluss nehmen kann, soll folgende Legende des Heiligen Franziskus von Assisi dokumentieren.

Wie St. Franziskus in wunderbarer Weise einen Aussätzigen an Leib und Seele heilte, und was ihm dessen Seele sagte, als sie gen Himmel fuhr.[23]

Als wahrhafter Jünger Christi trachtete St. Franziskus im ganzen Verlauf dieses elenden Lebens mit all seiner Kraft, ihm, seinem vollkommenen Meister, nachzufolgen. Dabei geschah es zu verschiedenen Malen durch göttlichen Eingriff, dass dem, dessen Leib er heilte, Gott zur selben Stunde die Seele heilte, wie man es von Christus liest. Doch diente nicht er allein bereitwillig den Aussätzigen, sondern es war außerdem verordnet, dass die Brüder seines Ordens, die überall in der Welt sich aufhielten oder umherwanderten, den Aussätzigen dienen sollten; und dies um der Liebe Christi willen, der ja selbst von uns als ein Aussätziger angesehn werden wollte.

Da geschah es einmal, dass in einem Ort, nahe bei dem, wo St. Franziskus sich aufhielt, die Brüder in einem Spital den Aussätzigen und Kranken dienten. Dort war ein Aussätziger untergebracht, der so ungeduldig, unleidlich und widerspenstig war, dass jeder glauben musste, wie es auch war, der Teufel sei in ihn gefahren. Denn er traktierte jeden, der ihn bediente, so unanständig mit Schimpfworten und Schlägen, und, was schlimmer ist, er lästerte Christus und seine heilige Mutter, die Jungfrau Maria, so unflätig, dass sich schließlich überhaupt niemand mehr fand, der ihn hätte bedienen können oder wollen. Mochten auch die Brüder zur Mehrung des Verdienstes der Geduld sich bestreben, die Beleidigungen und Unanständigkeiten für sich geduldig zu ertragen, so vermochten sie doch die gegen Christus und seine Mutter gerichteten vor ihrem Gewissen nicht zu überstehen. Sie beschlossen daher insgesamt, den besagten Aussätzigen sich selbst zu überlassen. Indessen wollten sie dies nicht eher tun, als bis sie ihren Entschluss ordnungsgemäß dem heiligen Franziskus angezeigt hätten, der damals in einer Niederlassung nahebei wohnte.

Auf ihre Meldung begab sich St. Franziskus zu diesem bösartigen Aussätzigen, grüßte ihn und sprach: «Gott gebe dir Frieden, mein liebwerter Bruder.» Da antwortete der Aussätzige: «Was für ein Friede kann mir von Gott werden, der mir den Frieden und alles Gute genommen und mich faulig und stinkend gemacht hat!» Und St. Franziskus sagte: «Habe Geduld, mein Sohn; denn die Krankheiten des Leibes sind uns von Gott zum Heil der Seelen in diese Welt gegeben; und sie werden sogar zu einem großen Verdienst, wenn sie geduldig ertragen werden.» Da erwiderte der Kranke: «Wie soll ich geduldig diese ewige Qual ertragen, die mich Tag und Nacht peinigt! Und ich habe nicht nur unter meiner eigenen Krankheit zu leiden; die Brüder, die du mir zu meiner Bedienung gegeben hast, machen es noch schlimmer, indem sie mich nicht bedienen, wie sie sollten.»

Da offenbarte es sich denn dem heiligen Franziskus, dass dieser Aussätzige vom bösen Geist besessen war; und er ging hin, warf sich im Gebet nieder und bat Gott inständig für ihn. Nachdem er gebetet, kehrte er zu ihm zurück und sprach: «Mein Sohn, ich selbst will dir dienen, da du mit den andern nicht zufrieden bist.» «Ist mir recht,» sagte der Kranke; «aber was kannst du mir mehr tun als die andern?» Da antwortete der heilige Franz: «Alles was du willst, werde ich tun.» «Ich will, dass du mich von Kopf bis zu Fuß wäschst,» sagte der Aussätzige; «denn ich stinke so sehr, dass ich mich selbst nicht ertragen kann.»

Da ließ der heilige Franziskus sogleich Wasser wärmen mit vielen wohlriechenden Kräutern darin. Dann entkleidete er den Kranken und begann ihn mit eigenen Händen zu waschen. Ein anderer Bruder goss das Wasser über ihn. Wo aber St. Franziskus mit seinen heiligen Händen ihn berührte, da verschwand durch ein göttliches Wunder der Aussatz, und das völlig geheilte Fleisch kam darunter hervor. Doch wie das Fleisch zu heilen begann, so begann auch seine Seele heil zu werden. Davon geschah es, dass sich bei dem Aussätzigen, als er den Beginn seiner Genesung sah, große Reue über seine Sünden einstellte und er bitterlich zu weinen begann; sodass denn, während sein Leib äußerlich durch das Waschen mit Wasser sich vom Aussatz reinigte, auch seine Seele im Innern durch Umkehr und Tränen rein von Sünden wurde.

Wie er nun vollkommen geheilt war an Leib und an Seele, da bekannte er in Demut seine Schuld und sprach unter Tränen mit erhobener Stimme: «Wehe mir, der ich die Hölle verdiene für die Misshandlungen und Beleidigungen, die ich den Brüdern in Worten und Taten zugefügt, und für meine Ungeduld und die Flüche, die ich gegen Gott ausgestoßen habe.» Und darauf verharrte er fünfzehn Tage lang in bitteren Klagen über seine Sünden und im Gebet um Gottes Erbarmen; auch legte er dem Priester eine vollständige Beichte ab.

Als der heilige Franziskus dieses deutliche Wunder sah, das Gott durch seine Hände vollbracht hatte, dankte er ihm, verließ den Ort und zog fernen Gegenden zu. Denn er wollte in seiner Bescheidenheit jedem Ruhm ausweichen; und er suchte in allen seinen Taten nur die Ehre und den Ruhm Gottes, nicht den seinen.

Es gefiel aber Gott, dass der besagte Aussätzige, geheilt an Körper und Seele, nach den fünfzehn Tagen seiner Buße einer andern Krankheit verfiel. Davon starb er, versehen mit den Sakramenten der Kirche, eines heiligen Todes. Seine Seele aber erschien auf ihrer Wanderung nach dem Paradies dem heiligen Franziskus, der in einem Walde betete, in der Luft und sprach zu ihm: «Erkennst du mich wieder?» «Wer bist du?», fragte St. Franziskus. «Ich bin der Aussätzige, den Christus, der Gebenedeite, um deiner Verdienste willen heilte, und jetzt gehe ich ein zum ewigen

Leben. Das danke ich Gott und dir. Gesegnet sei deine Seele und dein Leib, gesegnet deine heiligen Worte und Taten; denn durch dich werden viele Seelen auf Erden gerettet werden. Und wisse: kein Tag verrinnt, an dem nicht die heiligen Engel und die andern Heiligen Gott für die heilige Ernte danken, die du und dein Orden in allen Teilen der Welt macht. Darum sei gutes Mutes, danke Gott und bleibe bei seinem Segen.»

Nach diesen Worten ging die Seele zum Himmel ein, dem heiligen Franz aber blieb ein süßer Trost im Herzen zurück.

«Dem Feuer ist das Leben verwandt –
Wohltätiger Wirkungen Keime bergen beide die Fülle;
An den Menschen stellen beide ungleiches Verlangen.
Dass im Leben Glück uns werde ohne bitteren Schmerz,
Kann verlangen nur, wer törichten Sinnes
Das Feuer will, ohne den Brennstoff zu opfern.»[24]

Rudolf Steiner

Licht und Wärme als therapeutische Elemente

Licht und Wärme sind zwei Elemente, denen wir auf der Erde alles physische und seelische Dasein verdanken. Wir kennen auch sehr gut das Gegenteil, nämlich Dunkelheit und Kälte wo das Leben sich zurückzieht, sich verinnerlicht und in eine Ruhephase eintritt. Erst aus dem Zusammenspiel der Polaritäten Licht und Finsternis, Wärme und Kälte entstehen die vielfältigen Nuancen, die Farbigkeit des inneren und äußeren Lebens, die «Jahreszeiten des Daseins». Spontan haben wir ein sympathischeres Verhältnis zu Licht und Wärme, zum Beispiel zu Frühling und Sommer, wo auch die seelischen und körperlichen Krankheiten weniger werden. Wir wollen Kälte und Dunkelheit als die eigentlichen «irdischen» Elemente bezeichnen, Licht und

Wärme hingegen, die ja von der Sonne kommen, als die «kosmisch-himmlischen».

Es gibt heute eine große Anzahl medizinischer und psychologischer Untersuchungen, die die heilende Wirkung des Lichtes bei körperlichen Krankheiten wie Rachitis, Tbc, Hautkrankheiten, aber auch bei seelischem Missbefinden wie Depression dokumentieren (sogenannte «Lichttherapie»).

Stimmung und Verhalten können sich in den lichtarmen Wintermonaten radikal ändern und zu einer «Winterdepression» bzw. «saisonalen Gemütsstörung» führen, die man heute mit künstlichem Licht günstig beeinflussen kann.

«Mein Körper hat bei Wintereinbruch nur noch den Wunsch, in einen Winterschlaf zu versinken. Wenn es dunkel ist, möchte ich am liebsten ins Bett gehen, mir die Decke über den Kopf ziehen und schlafen. Ich muss mich regelrecht zwingen, aus dem Haus zu gehen. Ich ertappe mich dabei, wie ich immer früher schlafen gehe und mich in Tagträumen an wärmere Orte versetze. Mein Lebensgefühl ist insgesamt einfach negativ. Ich werde beherrscht von dem Gefühl, es keine Minute länger aushalten zu können. Bloß weg von hier.»[25]

Daran merken wir erst, wie sehr wir «Kinder des Lichts» sind (zum Beispiel in den hellen Jahreszeiten) und wie sehr unser körperliches und seelisches Wohlbefinden von außen beeinflusst wird. Auch in der Ernährungsforschung wird immer deutlicher, dass das, was wir essen, nicht nur aus Materie besteht, sondern im Gegenteil, dass diese Materie «kondensiertes Licht» ist (zum Beispiel im Chlorophyll) und dass die Lebensprozesse von dieser Lichtqualität abhängen.

Materie wäre dann letztlich nichts anderes als kondensiertes, weisheitsvolles Licht. Wenn wir uns zum Beispiel mit den vielen Funktionen eines Organs, etwa der Leber, beschäftigen, so wundern wir uns, wer diese über hundert Funktionen so mit «Verstand» und Harmonie dirigiert.

Wir kennen aber auch die weisheitsvollen, «lichten» Momente in unserer Seele, wenn wir etwas durchschauen und uns «ein Licht aufgeht» oder wir ein «helles» Köpfchen vor uns haben, was ja mit dem Erkenntnisleben zu tun hat.

Haben wir überhaupt heute noch eine wesensgemäße Beziehung zu den Lichtkräften und zu ihren vielfältigen Nuancen in der Dämmerung, da wir ja der Nacht künstliche Lichter aufgesetzt haben und auch die Seelennacht, die Depression, durch «Stimmungsaufheller» künstlich zu verkürzen suchen?

Wenn wir uns die Wärme anschauen, so wissen wir unmittelbar, dass sie mit dem Wegströmen, dem hingebenden Wohlgefühl zu tun hat. Etwas muss sich «opfern», damit es dem anderen zuströmt und ihn erwärmt. Für die Seele ist diese Art von Hingabe und Vereinigung die Liebe, die, wie die Sonne, lebensspendenden und wärmenden Charakter hat. Wir kennen sie zum Beispiel als «Nestwärme» und als «warmes Herz».

Wie nun das Grundwesen aller Materie das Licht ist, so ist die Substanz, aus der die Seele besteht, die Liebe. Alle seelischen Regungen (denn das Wesen der Seele ist die Suche nach Beziehung jeglicher Art, was man auch als «Eros» bezeichnet) sind nur Modifikationen der Liebe, auch die Selbstliebe und der Egoismus, die wir dann als die getrübte Liebe erfahren. Dadurch wird auch das Erkenntnislicht verdunkelt, und aus den trüben Gedanken und egoistischen Gefühlen, dieser unseligen Verstrickung in uns selbst, entstehen die mannigfaltigsten Krankheiten.

Was sich nun als ursprünglich reine, kosmische Elemente durch das egoistische Seelenleben des Menschen dauernd «verunreinigt» und chaotisiert, kann aber dem Patienten in seiner reinen Form von außen durch den anderen Menschen und die Natur wiedergegeben werden.

Es sind dies die liebevolle Zuwendung dem Erkrankten gegenüber, die Selbstlosigkeit des Pflegenden, seine Geduld und sein Hinhören. Sie sind das psychische Hilfsmittel für den Kranken in seiner Selbstverstrickung und der gesunde «Balsam» für ihn. «Wir müssen Liebe einflößen, damit das, was als Liebestat einfließt, eine Hilfe sein kann. Diesen Charakter zugeführter Liebe haben alle diejenigen Heilungstaten, die sich mehr oder weniger auf das stützen, was man psychische Heilungsprozesse nennen kann. In irgendeiner Form hängt das, was bei psychischen Heilungsprozessen angewendet wird, zusammen mit der Zuführung von Liebe. Liebe ist es, was wir als Balsam dem andern Menschen einflößen … Auf Liebe kann es zurückgeführt werden, wenn wir einfache psychische Faktoren in Bewegung setzen, wenn wir einen andern veranlassen, vielleicht auch nur sein herabgedrücktes Gemüt in Ordnung zu bringen …»[26]

Auch die Massage und alle leibliche Zuwendung werden so zu einer ins «Technische umgewandelten Liebestat» (Rudolf Steiner).

Mit welcher Art von ursprünglichem Licht können wir den bei der Depression geschädigten «Lichtleib» des Patienten unterstützen? Wie können wir diese Krankheit als eine Form «spezifischer Dunkelheit» wieder an die kosmischen Lichtkräfte annabeln? Dies ist durch die verschiedensten Heilpflanzen, den «Kindern des Lichts», und spezifisch durch die Blüten möglich, die mithelfen können, wieder inneres Licht zu erzeugen, also Heilkräfte zu entwickeln. Die echte Heilung führt den Menschen dann zur weisheitsvollen Selbsterkenntnis und von der Selbstliebe zur Weltenliebe.

In der «seelischen Nacht» gibt es aber auch noch andere lichtvolle Momente. Sie stammen aus der Region, die gegenüber der irdischen Angst und Verzweiflung ein

Zeichen setzten kann: aus der Welt der Verstorbenen. Es gibt Erfahrungen von Menschen, die in den Zeiten, in denen sie ganz unten waren und äußerlich die schlimmsten Schmerzen durchstehen mussten, Hilfe aus dieser Region bekamen. Viele Menschen, die das erlebt haben, sprechen erst darüber, wenn sie merken, dass ihr Gegenüber für solchen «Aberglauben» offen ist. Aber die geistigen Wahrheiten können nicht unterdrückt werden, und wenn sie sich durchsetzen, werden durch die Weisheit vom Menschen und vom Kosmos auch die Menschenliebe und die Heilfähigkeiten wachsen.

«Neurotisch-depressive Menschen sind von einer großen Angst erfüllt: Es ist die Furcht davor, den anderen zu verlieren, wenn der Erkrankte das tut, was er möchte. Unbewusst steht hinter dieser Angst die Erkenntnis: Wenn ich mich so expansiv verhalte, wie ich möchte, dann schädige ich andere, mache sie traurig, enttäusche sie und muss damit rechnen, dass sie mich verlassen. Wenn ich aber verlassen bin, dann ist keiner mehr da, der mir Liebe gibt, die ich so nötig brauche. Der depressive Mensch hat also massive Angst davor, dass er das ‹Objekt› verliert, welches ihm Liebe und Anerkennung gibt.

Um diesem Verlust zu entgehen, entwickelt der Mensch kompensatorisch ein hohes ‹Ich-Ideal›. Dieses Ich-Ideal vermittelt realitätsfremde Forderungen an sich selbst: Der Mensch erwartet von sich Höchstleistungen ...»[27]

Bolko Pfau

Die seelische Therapie

Zur Problemstellung

Bei der psychotherapeutischen Behandlung der Depression und ihrer verschiedenen Erscheinungsformen muss sehr individuell vorgegangen werden, und oft ist dabei die Persönlichkeit des Therapeuten wichtiger als die Methode. Es muss ja versucht werden, den gelähmten Willen und damit den innersten Wesenskern des Menschen, der sich entweder zurückgezogen hat oder verschüttet wurde, bewusst zu machen. Die Aufarbeitung des Vergangenen wird als eine aktiv zu leistende «Trauerarbeit» bezeichnet und erfordert, damit sie erfolgreich sein kann, eine kompromisslose Ehrlichkeit sich selbst gegenüber. Daraus ergeben sich dann Motivationen, das heißt Willensentschlüsse für die Zukunft. Bevor man seine Situation und die anderen ändern kann, muss erst einmal eine Änderung im eigenen Wesen stattfinden. Das Denken muss sich über die eigenen Gefühle erheben lernen. Wegen der sehr individuellen Lebensproblematik können hier nur Leitlinien angedeutet werden.

Grundsätzlich wird man in der Therapie herausarbeiten, ja manchmal sogar «herauswittern» müssen, wo eine bestimmte und durchaus berechtigte Lebenssehnsucht abgebogen und verschüttet wurde und was als Kompensation an deren Stelle getreten ist. Diese reale, aber nicht mehr vorstellbare, weil unbewusste Sehnsucht führt zu dauerhaften verdrießlichen Stimmungen, die bis zum Lebensüberdruss führen können.

Hier ist zum Beispiel das psychoanalytische Verfahren als diagnostische, aber nicht als therapeutische Methode berechtigt, obwohl sie durch die Heraufhebung eines unterbewussten Seeleninhaltes ins Bewusstsein der erste Schritt für die Therapie sein kann. «Alles, was ins Bewusstsein kommt, ist gut.» (Friedrich Nietzsche)

Das Seelenleben selber, und das kann an dieser Stelle nur angedeutet werden, ragt aber in seiner Tiefe weit über irdische Erlebnisse hinaus und bedarf eines umfassenden menschheitlichen Verständnisses und nicht nur eines irdisch persönlichen. Unaufgearbeitete Seelenreste, Schockerlebnisse, bestimmte «unverdaute» Verletzungen aus der Kindheit, die sogenannten «neurotischen» Störungen, ziehen den Patienten immer wieder vom Momentanen und gesund Spontanen ab und lassen ihn verletzlich, unreif und widersprüchlich, eben «regressiv», das heißt rückwärtsgewandt, erscheinen.

Seine mehr infantil gebliebene «Liebe» ist nicht frei von Selbstsucht (trotz anderweitiger Beteuerungen), sondern «besetzt» gewissermaßen selbstisch (narzisstisch) das Gegenüber oder sucht sich anderweitige Ersatzstücke. Er wird somit zum seelischen «Konsumenten», der aus mangelndem Ich-Empfinden und Selbstbewusstsein alles Äußere überbewertet, davon abhängig bleibt und in dauernder Verlustangst lebt. Man sieht, wie ähnlich diese Strukturen denen der frühen Kindheit sind – nur dass es da «normal» ist. Dies ist übrigens auch das Anstrengende und oftmals Aussaugende in der Arbeit mit solchen Menschen. Je mehr man für sie tut, desto undankbarer reagieren sie oft. Dieses «Sich-Einverleiben» des oder der anderen («ohne dich kann ich nicht leben», «du bist mein ganzer Lebensinhalt» etc.) ist aber Ausdruck der Angst vor der Selbstwerdung und verantwortlichen Eigenständigkeit. Sie führt dann zu bestimmten Formen erpresserischer Liebe und Tyrannei, die sich hinter einer Depression als Druckmittel verbirgt. Wir finden auch aus Mangel an Auseinandersetzungsvermögen ein fast krankhaftes Harmoniebedürfnis, zu dem der Betroffene meistens am wenigsten beiträgt.

che Patienten laufen mit permanenten Selbstvor- und Schuldgefühlen herum, weil sie sich in früher ....t als Last empfanden, also die «Ungeliebten» und «Überflüssigen» waren. Ein sehr großes Problem ist der Charakterzug, immer andere oder äußere Situationen für seine momentanen Probleme und Stimmungen verantwortlich zu machen. Es gibt Patienten, die darin eine wahre Meisterschaft entwickelt haben. Würden sie doch diese Energie für sich im positiven Sinne benutzen! All diese genannten seelischen Störungen werden als «neurotische Depressionen» bezeichnet.

Der Bewusstseinsprozess als «seelische Entgiftung», wie Rudolf Steiner es beschreibt, (wir kommen an späterer Stelle noch darauf zurück, siehe Seite 144 ff.) kann mithelfen, die negativen Vor-Stellungen abzubauen und die Lebensaufgaben, die vom Schicksal herangetragen werden, zu ergreifen. Dazu ist die Erarbeitung von Lebenszielen unabdingbar, denn «wer ein Warum zu leben hat, erträgt fast jedes Wie».

Schuldgefühle sich selbst oder anderen gegenüber können nur dadurch abgebaut werden, dass man willens ist, aus dem Vergangenen zu lernen, um es in Zukunft besser zu machen, und indem man sich eingesteht, dass keiner im Leben frei von Sünde sein kann. Das dauernde Verdrängen des Unguten und Sündigen kann auch ein wesentlicher Grund für depressive Stimmungen sein. Viele Depressive leiden an sich selbst, weil sie eine überzogene und über-wertige Vorstellung von sich haben, ein «Ich-Ideal», die Vorstellung der «Grandiosität» (A. Miller), die angeblich deshalb nicht zum Tragen kommen kann, weil die «ande-ren» sie nicht erkennen oder sogar verhindern.

Es ist oft ein langer Weg, die Patienten von ihrem Hoch-Mut, der in ihnen immer Un-Mut und auch Klein-Mut erzeugt, zu gesundem Gleich-Mut zu führen. Sich dem Leben zu stellen und sein Leben als selbst gestaltetes zu verantworten, ist eines der wesentlichen Ziele der Psy-chotherapie. Der Schriftsteller Carl Zuckmayer hat seine interessante Autobiografie nicht umsonst genannt: *Als wär's ein Stück von mir.*

«Irgendjemand muss schuld daran sein, dass ich mich schlecht befinde» – diese Art zu schließen ist allen Kran-ken eigen, und zwar je mehr ihnen die wahre Ursache ihres Sich-schlecht-Befindens verborgen bleibt. Die Leidenden sind allesamt sehr kreativ im Erfinden von Vorwänden zu schmerzhaften Affekten, sie genießen ihren Argwohn, das Grübeln über Schlechtigkeiten und scheinbare Beeinträch-tigungen, sie durchwühlen die Eingeweide ihrer Vergan-genheit und Gegenwart nach dunklen, fragwürdigen Ge-schichten, sie reißen die ältesten Wunden auf und machen Übeltäter aus Freund, Weib, Kind und wer ihnen sonst am nächsten steht. ««Ich leide, daran muss irgendjemand schuld sein» – also denkt jedes krankhafte Schaf …» (Nietzsche)[28]

«Es ist unglaublich, wie viel der Geist zur Erhaltung des Körpers vermag. Ich leide oft an Beschwerden des Unterleibs, allein der geistige Wille und die Kräfte des oberen Teiles halten mich in Gange. Der Geist muss nur dem Körper nicht nachgeben.»

Goethe – zu Eckermann am 21.3.1830

Der psychotherapeutische Weg

Es gehört zum eigentlichen Wesen unserer Seele, dass wir der Welt nicht teilnahmslos-kalt, sondern mit Interesse, Anteilnahme, also mit Gefühlswärme, gegenübertreten wollen. Wir könnten es auch so bezeichnen: Wir versuchen, uns mit unserem individuellen Ich in Einklang zu bringen mit dem, was um uns herum vorgeht. Ein unsichtbares inneres Band wird so jeden Tag zu den Ereignissen und Menschen in der Umwelt geknüpft, das uns bei Übereinstimmung ein Gefühl von Behagen, Harmonie und Eingewurzeltsein vermittelt. Desinteresse, Unverständnis, Überfordertwerden, Lieblosigkeit etc. lassen dieses unsichtbare Band zerreißen – wir fühlen uns in der Seele tief verletzt und ungemütlich, weil diese Übereinstimmung, dieses innere «Ja» zur Welt fehlt. Dass wir im Verlauf der verschiedenen Lebensepochen, ja sogar im Tagesverlauf, nicht immer den gleichen Weltbezug haben, kennt jeder aus eigener Erfahrung. Mal verbinden wir uns mehr mit den Dingen, mal erheben wir uns über sie oder lehnen sie ab. In dieser Flexibilität liegt das Wesen einer gesunden Seele – wie wir auch körperlich Wärme *und* Kälte gleichermaßen ertragen und entsprechend reagieren müssen. Bei der Depression treten nun eine innere Isolation und Starre des Gemütes ein. Die Gefühle «versteinern» im Kopf, die Seele wird – wie Prometheus an den Felsen des Kaukasus – an die Vergangenheit geschmiedet, das Gift von Schuld und Selbstvorwurf droht alle Lebensbejahung zu zerfressen. Der Selbstvorwurf wird zum gegen sich selbst gerichteten Dolch. Das Sein ganz im Kopf, das «Hirnen» beginnt – und damit die Fixierung auf den eigenen Leib statt auf die Welt. Das Gemüt, das seelische Willenszentrum ermattet – und damit reißt der Faden der Welt gegenüber.

Es muss nun alles versucht werden, den Menschen von seinem Ballast zu befreien, so lange er noch ansprechbar ist, ihm wieder Auftrieb zu geben und Zukunftshoffnung zu erwecken. Dazu reicht ein billig Gesagtes «Es wird schon wieder werden» nicht aus. Denn es ist eine unbestreitbare Tatsache, dass der Mensch innerlich immer mehr verarmt, wenn er mit seinen Gedanken und Gefühlen nur um sich selbst kreist, dass er aber gesünder und seelisch reicher wird, je mehr Weltinteresse und innige Anteilnahme er zeigt. Liebe, Anteilnahme, Mitleid und Mitgefühl sind für die Seele Wärmeprozesse, weil etwas wegströmen kann. Feuer strömt, Eis zieht sich zusammen.

Es wird also *die* therapeutische Aufgabe sein, den Kranken von der pathologischen Selbstfixierung, von der Selbstaggression, von der Verkapselung zu einem «weltoffenen», interessierten Menschen zu machen.

Man kann aber der Zukunft nur mutig entgegenschreiten, wenn man das, was hinter einem liegt, was man «auf dem Buckel hat», das Schicksalsgepäck, erst einmal ablegt, das heißt seelisch bewältigt. Für den Therapeuten ist es die wichtigste Aufgabe mitzuhelfen, die Vergangenheit aufzuhellen und zu ordnen. Was für die Seele durch Interesse und Liebe in Wärme verwandelt wird, das wird durch bewusstes Erkennen Licht im Seelendunkel. Es ist hier nicht der Ort, sich mit der ganzen Problematik frühkindlicher Erlebnisse und den leiblich-seelischen Folgeerscheinungen zu befassen. Selbstverständlich ist die Vergangenheit ein wesentlicher Bestandteil der Seele; wird diese nicht aufgeräumt, sondern verdrängt oder beschönigt − bewusst oder unbewusst −, so werden später seelische Probleme wie Depression, neurotisches Verhalten wie Zwänge oder Ängste nicht ausbleiben. In der Sprechstunde kann immer wieder erlebt werden, wie nicht oder halb verdaute Verletzungen aus der Kindheit auf Lebenspartner oder Lebenssituationen projiziert werden. Man hadert immer noch mit seinem Vater oder hat immer noch eine Wut im Bauch wegen Ereignissen, die Jahrzehnte zurückliegen. Wie aber kann man vorwärtsschreiten, wenn man noch am «Pech» der Vergangenheit klebt?

Oft ist es eine von außen gesehen unscheinbare Verletzung, die aber für den Patienten eine übergewichtige Rolle spielt. Räumt man dieses Problem nicht aus dem Weg, helfen alle psychotherapeutischen Ratschläge nichts. Man könnte dieses Problem in ein humorvolles Bild kleiden: Wenn ein Mensch durch eine Tür in einen anderen Raum gehen will und mit dem Hosenträger an der Türklinke hängen bleibt und trotz guter Absicht nicht vorwärtskommt, so nützen alle guten Absichtserklärungen und psychologischen Betrachtungen über Willensschwäche nichts, wenn nicht einer kommt und einfach den Hosenträger durchschneidet. Der «Hosenträger» kann ein seelisches oder auch körperliches Problem sein. Es ist oft gar nicht so einfach, herauszufinden oder herauszuwittern, wo der alte Seelenschlamm noch nicht geklärt ist und dadurch das Dasein vergiftet. Manchmal weiß es noch nicht einmal der Betroffene selbst.

Oft geschehen nämlich in der Kindheit Ungerechtigkeiten, Belastungssituationen (wir denken da auch an schwere Schocksituationen wie den Inzest), die ins Unterbewusstsein absinken und vom täglichen Bewusstsein überlagert werden. Sie lauern gewissermaßen im Untergrund. Passieren nun in den späteren Jahren, zum

Beispiel in der Pubertätszeit, ähnliche Kränkungen, wenn die seelische Wunde noch nicht verheilt ist, so können Kurzschlusshandlungen, die von außen nicht nachvollziehbar sind, oder aggressive und depressive Tendenzen auftreten.

Eine solche Verletzung in der Kindheit soll hier stellvertretend für die vielen seelischen Verwundungen, die Menschen erleiden müssen und über die sie nicht hinwegkommen, angeführt werden. Sie wird von einem holländischen Psychiater beschrieben, der, durch eine Infektionskrankheit ausgelöst, eine schwere Depression mit Wahnzuständen durchstehen musste und nach seiner Genesung die Vergangenheit noch einmal Revue passieren lässt:

«Scham ist ein schreckliches Gefühl. Manchmal wurde ich in der Schule gehänselt. Ich fürchtete mich davor, schämte mich über die Angst und schämte mich über die Scham, und dies in einem ewigen Kreislauf. Scham ist ein Feuer, das sich selbst nährt. Auch wenn ich versuchte, nicht aufzufallen, so war das Nägelkauen dem Lehrer doch nicht entgangen. Einmal, ich werde diesen Tag nie vergessen, sah ich, dass er eine Tüte bei sich hatte, in der Süßigkeiten hätten sein können. Er legt die Tüte so hinter sein Pult, dass man sie nicht sehen konnte.

Während ich aus dem Fenster starrte, meinen eigenen Gedanken nachhängend, hörte ich, wie der Lehrer einen anderen Jungen vor die Klasse rief und sagte: ‹Das Nägelkauen, diese widerwärtige Angewohnheit, muss jetzt aufhören.› Dann steigerte er die Spannung noch, indem er zögerte – so wie der Einsatz der Singstimme durch die instrumentale Einleitung verzögert wird. ‹Und dann haben wir hier noch, aus Soest, in der Klasse einen Jungen, der immer so gekleidet ist, als ob es Sonntag wäre, und der nicht zur Schule kommt, wenn er ein bisschen Kopfschmerzen hat, das Söhnchen eines Vaters, der nichts zu tun hat, während eure Eltern sich für euren Lebensunterhalt abplagen müssen und euch sicher nicht wegen jeder Kleinigkeit zu Hause bleiben lassen …› Und dann erklang es, mit erhobener Stimme, *fortissimo*: ‹Den Nägelkauer Piet Kuiper. Komm mal nach vorn, Junge! Du scheinst ja wohl nie genug davon zu bekommen, und darum habe ich dir etwas mitgebracht, worauf du noch eine ganze Weile kauen kannst.› Er griff nach der Papiertüte und brachte ein Hufeisen zum Vorschein. ‹Nimm mal! Ob dir das genauso schmeckt wie deine Fingernägel? Mach den Mund auf!› Gejohle und Gelächter der Kinder. Ich machte den Mund nicht auf, ich presste die Lippen aufeinander, nicht aus Trotz, sondern aus Angst. Ich hätte im Erdboden versinken mögen, als ich so ausgelacht wurde, ich wurde purpurrot vor Scham. Ich hatte dieses schreckliche Gefühl, mir wurde schwarz vor Augen, ich konnte nichts mehr sehen, ich fühlte nur mein brennendes Gesicht. ‹Du kannst doch

nicht wissen, ob dir das schmeckt, du musst es erst probie-
ren.› Er stieß mit dem Eisen gegen meine aufeinanderge-
pressten Lippen. ‹Los, Mund auf!› Gejohle. Noch ein Stoß.
Ich fühlte den lauen Geschmack von Blut im Mund, ein
Rinnsal lief mir über das Kinn. Den Rest weiß ich nicht
mehr. Wohl, dass ich zu meiner Bank zurücklief mit dem
intensiven Gefühl, lächerlich zu sein und immer zu bleiben,
als ob der Kern meines Wesens aus Lächerlichkeit bestände,
aus etwas, was es nur verdiente, verhöhnt zu werden.

Ich konnte zu Hause nicht erzählen, dass ich mich
so geschämt hatte, und ich schämte mich, dass mir etwas widerfahren war, wofür ich mich so schämte. Wieder
dieser *Circulus vitiosus.* Ich belog meine Eltern. ‹Was ist mit
deinem Mund?› ‹Ich bin vom Fahrrad gefallen, aufs Gesicht, weil …› Weiter erinnere ich mich nicht. Irgendeine
Fantasiegeschichte. Ein paar Tage lang lief ich mit einer
geschwollenen Lippe herum.»²⁹

Wir sehen an diesem Beispiel, wie schlimm es für das
ganze Leben ist, in der Kindheit und Jugend Furcht,
Verzweiflungs- und Angstzustände zu erzeugen. Man belastet auf diese Weise frühzeitig die Entfaltung des Lebens-
willens – und daraus muss notwendigerweise Schwermut
entstehen.

Von dem dänischen Philosophen Kierkegaard weiß man,
dass er an einer schweren Angstneurose litt, weil sein Vater

ihn schon sehr früh mit «schwermütiger Sündenproble-
matik» belastete und ihn schon in seiner frühen Kindheit
als Projektionsfigur für seine eigene, unbewältigte Schuld
und Angst benutzte. Kein Wunder, dass aus diesem «Schuld-
gefühl gegen den Gekreuzigten» später Weltenangst, Argwohn und Misstrauen erwuchsen.

Diese zu frühen seelischen Überforderungen, die die
Seele eines Kindes an der gesunden Entfaltung hindern,
finden wir bei Gesprächen mit Depressiven immer wieder.
Manchmal wurden Kinder als Partnerersatz bei geschei-
terten Ehen (unbewusst) benutzt und mit allen Problemen
und Entscheidungen konfrontiert. Es kann aber auch das
Gegenteil sein: Menschen, denen es im Leben viel zu
gut ging, die sich nicht anstrengen mussten, die «alles» bekommen haben und nun eine innere Leere verspüren.

Nach der Ordnung der Vergangenheit, die ja irgendwann aufhören muss, ist es das therapeutische Ziel, den
Eigenwillen des Menschen zu aktivieren. Wir wollen dazu
einige Möglichkeiten beschreiben und sehen, wie man
in die drei Seelenkräfte – nämlich Denken, Fühlen und
Wollen – wieder Aktivität hineinbringt, um so eine Ge-
mütsverwurzelung in der Welt zu erreichen.

Der Wille im Denken kann aktiviert werden, indem man
wieder Hingabe für Naturerscheinungen und für Kultur-
und Menschheitsangelegenheiten entwickelt. Dazu muss
man sich innerlich aufraffen, kompliziertere Zusammen-

hänge verstehen zu wollen und nicht nur Vorgekautes nach-zudenken oder nachzufühlen. Um Dinge zu enträtseln, um die nötige seelische Hingabefähigkeit der Welt und dem eigenen Schicksal gegenüber zu entwickeln, muss die Auf-merksamkeit für Äußeres gestärkt werden.

Man kann zum Beispiel den Blick auf Biografien noch lebender oder historischer Persönlichkeiten oder auf Zeit-ereignisse richten. Sofort wendet sich der Blick von innen, von der hypochondrischen Selbstfixierung los und geht nach außen. Vertrauen wächst wieder in die tieferen Ge-dankenzusammenhänge der Welt, in den Sinn des Schick-sals. Dieses «gesunde» Denken, diese Hingabe an Sachliches überwindet die Griesgrämigkeit und die Selbstfixierung. Auch der kranke Ehrgeiz, die Eitelkeit und Selbstsucht, die sehr oft hinter der Depression lauern, verschwinden nach und nach. Selbstsucht verwandelt sich in ein gesundes Selbstbewusstsein.

«Dieses fortwährende nur in seiner eigenen Seele leben und spinnen, dieses fortwährende in der eigenen Seele spintisieren, muss überwunden werden. Die eigene Seele muss aus sich herausgehen und auf die tieferen Zusammen-hänge im äußeren Leben liebevoll hinschauen ... Alles das, was wir tun, um die geheimen Zusammenhänge außer uns zu deuten, bewahrt uns vor falscher Mystik.»[30]

Ich habe in meiner klinischen Ausbildungszeit oft erlebt, dass melancholisch veranlagte Krankenschwestern durch

Schwerkranke oder schwierige Lebenssituationen plötzlich aktiv und munter wurden. Es ist nämlich ein seelisches Urgesetz, dass ein schwermütiger Charakter durch lustige Dinge nur noch trauriger wird, hingegen durch Anteilnahme an schweren Schicksalen seelisch selbst gesundet. Mit dieser Haltung muss man einem Depressiven gegenübertreten, und man wird ihn innerlich eher erreichen. Er ist ja auf dem notwendigen Gang in die Tiefe, und es ist klar, dass sein Wesen sich gegen alle noch so gut gemeinte Veroberflächlichung zur Wehr setzen muss. Schneewittchen wurde auch erst durch äußere Erschütterungen in ihrem Glassarg wach gerüttelt.

Den eigentlichen Willen, der sich nach und nach in äußeren Tätigkeiten zeigen muss, aktiviert man erst einmal dadurch, dass man versucht, das Verhältnis, das viele Depressive zur Welt haben, langsam umzukrempeln. Sehr viele von diesen Menschen akzeptieren sich, auf ihr eigenes Wollen und Begehren fixiert, restlos so, wie sie sind, wollen aber alles Äußere – einschließlich des Partners – anders haben, nach ihren Vorstellungen und Wünschen. Auch haben sie oft eine Einstellung, die für eine Gesundung der Seele fatal ist: Sie beschuldigen immer jemand anderen in ihrer Umgebung und entbinden sich dadurch aller Lebensverantwortung. Mit dieser Haltung kann man aber nie erwachsen werden. Man lebt dadurch immer im *Gegensatz* zur Welt, zu seinem eigenen Schicksal und lähmt dadurch seine ganze Willenskraft. Ändern kann sich jemand nur selber.

Hier muss unbedingt gelernt werden, das Leben in seiner Vielfalt, wie es auf einen zukommt, erst einmal restlos so zu akzeptieren, wie es ist, und es als Anlass zur Eigenaktivität und zur echten Auseinandersetzung zu nehmen und nicht als Anlass für die dauernden Klagen über nicht erfüllte Vorstellungen und Wünsche. Macht man das, so können ungeahnte Willensreserven, die vorher durch Trauer und Klagen gebunden waren, aktiviert werden. Eine Kraft, nicht richtig nach außen eingesetzt, schlägt nach innen und wird zur Seelenlähmung. Es ist verständlich, dass ein Mensch mit einer religiösen, geistigen Weltanschauung oder mit einer Schicksalsauffassung, die davon überzeugt ist, dass Schicksalsschläge eine Aufforderung zur Eigenaktivität sind, es damit leichter hat. Aus krankhafter Weh-Mut wird dann Stark-Mut, den man ja für das Leben braucht. «Wenn du versuchst, dein Leben zu ändern, dann können Depressionen nicht ausbleiben. Bist du ohnehin schon depressiv, dann hast du nun die Möglichkeit, in drei wichtigen Bereichen Fortschritte zu machen: in deinem Urteil über dich selbst, in deinen Beziehungen zu anderen und in deiner Fähigkeit, schwierige Lebensumstände zu bewältigen.»[31]

Fassen wir zusammen: Man muss eine schwermütige Charakterveranlagung sozusagen homöopathisch, das heißt

Gleiches mit Gleichem, behandeln. Mit wesentlichen, ernsten und tiefen Dingen, die wieder das äußere Interesse wecken. Kann nicht manch tief veranlagter Mensch berechtigterweise traurig werden, wenn er täglich nur von oberflächlichem Tingeltangel umgeben ist? Manche melancholische Stimmung Jugendlicher ist daraus zu erklären. Die Beschäftigung mit wahren, ernsten Weltinhalten wie Tod, Leben nach dem Tod, Sinn des Schicksals etc. – ohne dass man selbstverständlich die heitere Seite des Lebens vergessen darf – gibt dem Menschen mehr Leichtigkeit, Gleichmut, Lebensfreude und Zuversicht, als man ahnt. Übt man sich früh genug an wesentlichen Inhalten, so hat man später, wenn es darauf ankommt, schwierige Lebenssituationen zu meistern, die nötige Wegzehrung.

Worauf soll man als Therapeut bei einer manifesten seelischen Verstimmung zurückgreifen, wenn der Mensch nie Wesentliches denken konnte oder wollte? Denn darin besteht ja gerade das Hauptproblem der Menschen, denen man seelisch wie leiblich alles genommen hat – jede Anstrengung, jeden Schmerz, jedes Sich-Durchbeißen. Nur wer in die Tiefe gegangen ist, kann echte Höhen erleben und umgekehrt. Kommt man nicht oftmals erst zum Guten und Schönen, zur Liebe, wenn man sich dem Entgegengesetzten ausgesetzt hat? Hat man sich ihm aber ausgesetzt und es tatsächlich in sich überwunden, so verliert man auch die Angst davor. Man muss dazu ein wenig die Eigenschaft der Bienen annehmen, die nicht nur süßen Honig produzieren, sondern auch das nötige Gift, um überleben zu können, und die sich nicht scheuen, auch einmal, dann allerdings meist endgültig, ihren Stachel gehörig ins Leben zu stechen.

Eine eindrucksvolle Episode dazu hat der Schweizer Dichter Albert Steffen in seinem Roman *Der rechte Liebhaber des Schicksals* geschildert.[32] Der Held des Romans setzt sich bewusst dem modernen Großstadtleben aus, merkt aber auch die Wirkung auf seine eigene Seele und erlebt viele ekelerregende und deprimierende Situationen. In einer solchen Situation hat er eine wichtige Begegnung mit einem Menschen, der, mitten im Leben stehend, von der «Hölle» nicht innerlich verdorben wird, weil er sie durchschaut und ihr Erkenntniskräfte entgegensetzt. Es entspinnt sich folgender Dialog: «‹Warum sind Sie an diesem gefährlichen Orte?›, fragte Artur. ‹Weil ich es für eine Notwendigkeit halte, dass jemand hier ist, der sich ekelt. Der Gedanke von der Notwendigkeit des Ekels für unsere Zeit kam mir vor einigen Tagen in der griechischen Vasensammlung. Die Griechen hatten den Ekel nicht notwendig, um zur Schönheit zu gelangen. Sie lebten von vornherein in ihr. Wir aber brauchen ihn, wenn wir voll im Leben stehen wollen, um die Welt richtig zu verstehen, um zum Geist in uns zu kommen, um den Gott in uns zu schützen …›.»

Es ist besonders wichtig, dass der Depressive, wenn es ihm zwischendurch besser geht, seine vorhandenen Möglichkeiten nutzt, um das nächste Tief gefestigter durchzustehen. Besonders günstig ist das Führen eines Tagebuchs, dem man Gefühle, Gedanken und Probleme anvertrauen kann, indem man sie aus sich heraussetzt und bewusst gestaltet. Dadurch befreit man sich von ihnen im wahrsten Sinn des Wortes. Wenn aber etwas durch Aktivität herausgesetzt wird, kann buchstäblich Neues wieder herein. Der Depressive muss sich langsam bewusst werden, dass er mit seinem Schmerz nicht allein in der Welt steht und dass diejenigen, die äußerlich so unbeschwert scheinen, oft nur eine Maske aufhaben, unter der sich manches Elend verbirgt.

Ich möchte nun dieses Kapitel mit zwei Krankengeschichten beenden, die mehr als alle Theorien zeigen sollen, wie man die oben angeführten Überlegungen in die therapeutische Tat umsetzen kann. Vorausgesetzt natürlich, dass in der dunklen Nacht der Seele noch ein Fünkchen glimmt, das man zu aktivieren vermag. Wie bei jeder Therapie ist es auch hier der Mensch, der die Methode handhabt, und nicht die Methode selber, die wirkt. Außerdem gibt es für den Kranken immer nur individuelle und nicht allgemeine Regeln. In diesem Sinne sollen die folgenden Beispiele die therapeutische Fantasie anregen.

Die erste Patientin hatte eine Depression mit vornehmlich körperlichen Symptomen, von denen ein chronischer

Räusperzwang, der auch während des ehelichen Intimlebens nicht aufhörte und dadurch zu großen Problemen führte, im Vordergrund stand. Räuspern ist oft ein psychosomatischer Ausdruck von Empörung über unerträgliche Zustände. Nachdem alle medizinisch-fachärztlichen und psychotherapeutischen Maßnahmen fehlgeschlagen waren, wurde die Patientin in unsere Klinik eingewiesen. Es stellte sich bald heraus, dass massive Gefühlsprobleme mit dem Partner existierten, die aber unausgesprochen waren und auch vonseiten des Partners nicht bemerkt wurden.

Die eingespielten äußeren Eheformen wurden zwar krampfhaft aufrechterhalten, doch fehlte ihnen jeglicher seelische Gehalt. Ein Teufelskreis von unausgesprochener Erwartung und permanenter Enttäuschung begann. Man «hustete» dem Partner gewissermaßen das ins Gesicht, womit man nicht einverstanden war. Das Räuspern bei jeder unpassenden Gelegenheit brachte nun den Partner so auf, dass er immer aggressiver wurde, was zu stärkerem Räuspern, körperlicher Verkrampfung und letztlich zur Depression führte. Wir entschlossen uns in der psychologischen Therapie zur sogenannten «doppelten Buchführung», da sich immer mehr herausstellte, dass das eigentliche Problem der Patientin eine abgrundtiefe Kluft zwischen romantischer Wunschvorstellung und alltäglicher Wirklichkeit war. Ihr Denken wurde permanent vom Gefühlsleben überwuchert. Der Patientin wurde nun von ärztlicher Seite empfohlen, die kritischen Ereignisse der Vergangenheit in ein Heft zu schreiben und auf einer Seite ihre Wünsche und Empfindungen und auf der anderen die wahrgenommenen Tatsachen zu charakterisieren. Schritt für Schritt wurden nun Wunsch und Wirklichkeit miteinander verglichen, analysiert und reflektiert. Damit wurde das Denken aus der unseligen Gefühlsverstrickung langsam befreit und wieder auf die Realität gerichtet. Die krankhaften Projektionen auf den Partner wichen einer gesunden Außenwahrnehmung. Der Ehepartner wurde dann später auch in den therapeutische Prozess einbezogen und konnte somit auch sein eigenes Verhalten überdenken, modifizieren und seine Kenntnisse über das Seelenleben seiner Frau bereichern. Dieses ehrliche Ringen um Wahrheit hat die Ehe ungemein befruchtet und auch beruflich neue Impulse gegeben.

Die Problematik der zweiten, jüngeren Patientin (Mitte 20) war wesentlich komplizierter und dauerte entsprechend länger. Sie litt seit vielen Jahren an einer schweren neurotischen Depression mit Herzphobien und lang andauernden Angstattacken, die jahrelang ambulant und stationär ohne Erfolg behandelt wurden, sodass die Patientin als «übertherapiert und unheilbar» in meine Praxis kam. Aus der Vorgeschichte ging u. a. hervor, dass ihre schwer behinderte Schwester seit ihrer Geburt die Aufmerksamkeit der ganzen Familie permanent in Anspruch genommen und somit die Fürsorge und Liebe der Eltern vollkommen von den anderen Geschwistern abgezogen hatte. Jetzt holte sich die jüngere Schwester mit «Gewalt» das, was ihr jahrelang vorenthalten worden war. Es fand sich ein Bild von infantiler Gefühlsstruktur: Überbewertung der anderen, Angst vor Eigenständigkeit, Verlustangst, permanentes Aufrechterhalten von Hilfsbedürftigkeit, das heißt erpresserischer Liebe durch das Vorgeben eines drohenden Herzstillstands etc. Zu analysieren gab es nichts mehr, sie war, wie man so schön sagt, von den Psychiatern «übertherapiert». Man musste einen anderen Weg einschlagen. Interessanterweise halfen die verordneten homöopathischen Mittel anfangs sehr rasch, was sich aber bald als Trugschluss herausstellte, denn nach dem unerwarteten Hoch gab es einen bösen Rückschlag, sodass sogar für eine Woche Psychopharmaka eingesetzt werden mussten.

Der letzte Ausweg ist ja dann gerne ein Bauernhof, von dem sie aber nach eineinhalb Tagen davonlief. Man denkt sich manchmal in der Therapie Dinge aus, die einem selber gut täten, aber ob das auch immer für den andern das Richtige ist? Aus der absoluten Hilflosigkeit gebar sich ein zündender Gedanke: Das krankhafte Selbstmitleid musste in ein starkes Mitleid für andere umgewandelt werden. «Was würden Sie sich wünschen, wenn ich der Liebe Gott wäre?», fragte ich sie eines Tages. «Wegen meines drohenden Herzversagens immer von Ärzten umgeben zu sein», war ihre spontane Antwort. «Das können Sie haben», entgegnete ich, «aber nicht als Patient, sondern als Krankenpflegerin.» Zwei Monate suchten wir, bis wir in einer Großstadt für dieses ungewöhnliche Anliegen eine Klinik fanden, die für diesen «Fall» aufgeschlossen war. Es war eine gehirnchirurgische Klinik im Ausland mit tumorkranken Kindern, nach schweren Motorradunfällen hirnverletzten Jugendlichen und ähnlich schweren Fällen. Das leibliche Elend, das sie tagtäglich sah, war überwältigend groß, und es war interessant zu beobachten, wie «Dornröschen» von Woche zu Woche aus ihrem tiefen Seelenschlaf erwachte und Anteilnahme am Schicksal der anderen und echtes Mitleid zeigte, verbunden mit einer echten Sorge um einzelne Kinderschicksale. Nach einem knappen Jahr schien der ganze Krankheitszauber wie weggeblasen.

Nach einem guten Jahr wurde das Studium wieder aufgenommen und vollendet. Inzwischen ist die Patientin verheiratet, hat zwei Kinder und meistert selbstständig ihr Leben.

Das kranke, eigensinnige und falsche Ich war verloren, das wahre Selbst gefunden. Dies steckt sicher in dem paradoxen Ausspruch: «Verliere dich, um dich zu finden».

«Das Entgegengehen der Zukunftsbestimmung können wir uns aber nicht anders aneignen, als wenn wir unsere Interessen immer weiter und weiter machen; das heißt aber mit andern Worten: Wenn wir immer mehr von uns loskommen lernen … Geht man ganz ehrlich mit sich zu Rate, so wird man zuletzt doch finden, dass eigentlich das Alleruninteressanteste von der ganzen Welt dasjenige ist, was man selber über sich im Kreise des engsten Ich denken und empfinden kann. Über dieses engste Ich empfinden und denken allerdings viele Menschen in der Gegenwart sehr viel. Daher ist ihr Leben so langweilig, daher sind sie so unbefriedigt im Leben.» (Rudolf Steiner)[33]

«Ein unverklärter Blick auf die Realität sagt uns, dass die Menschen aller Schichten sehr viel ich-schwächer sind, als sie es nach ihrem Selbstbewusstsein wahrhaben wollen. In den großen Konflikten, auch in solchen, die ihr Gewissen schwer belasten müssten, zeigen sie sich in höchstem Masse kollektiv abhängig. Die ‹Man›-Welt ist ein Riese, die ‹Ich›-Welt ist ein Zwerg. Nur wenige bewegen sich darin wie David oder das tapfere Schneiderlein.»[34]

Alexander Mitscherlich

Die geistige Seite der Depression

Die Fähigkeit zu trauern

Es gehört heute mit zu den weitest verbreiteten Irrtümern, zu meinen, dass Glück, Freude und Gesundheit als Belohnung aufzufassen seien, dagegen Unglück, Leid und Schmerz als wie auch immer geartete Bestrafung. Durch diese kulturelle Verdrängung und Verneinung des angeblich Negativen entsteht ein ungeheuer großes psychologisches und soziales Elendspotenzial. Dass Leid und Trauer auch Prüfung, Herausforderung zur Schicksalserkenntnis etc. werden können, wird heute kaum noch verstanden bzw. gesucht. Symptomatisch heißt es in der Reklame einer großen pharmazeutischen Firma: «Den Schmerz einfach weglutschen.» Will man aber über die tieferen Zusammenhänge von Glück und Unglück, Freude und Trauer, Lachen und Weinen etc. mehr erfahren, so ist es notwendig, die religiös-geistige Entwicklung der Menschheit ins Auge zu fassen. Denn all diese Grundkategorien des menschlichen Seins verweisen auf den Sinn unserer Existenz und auf tiefere Schicksalszusammenhänge, die immer religiös bzw. spirituell verstanden worden sind. Die Stärke des Glaubens war zum größten Teil identisch mit der Fähigkeit, Leid, Trauer und Unglück zu ertragen und sie in weisheitsvolle Erkenntnisse umzuwandeln.

Dabei muss sehr wohl unterschieden werden, ob wir ein verlorenes «Objekt» um seiner selbst willen oder um unsertwillen betrauern. War es nämlich eine selbstlose Bindung an etwas, so ist die Seele nach vollzogener Trauerarbeit wieder frei für neue Identifikationen, für Liebe, für Weltinteresse. Wurde hingegen das Objekt selbstisch, das heißt narzisstisch, geliebt, so geht mit seinem Verlust auch ein Stück unseres Selbst verloren – wir erleben eine «Ich-Verarmung», auf die wir oft mit Depressionen reagieren. Somit entsteht ein Teilverlust unseres eigenen Selbst, den wir dann eigentlich beklagen, obwohl es nach außen so aussieht, als ob wir das verlorene Objekt betrauern.

Der Psychoanalytiker Alexander Mitscherlich hat dieses Problem einmal treffenderweise so formuliert: «Es kommt nicht zum Schmerz in der Trauer um das verlorene Objekt, sondern zur Trauer über einen selbst und in der Verbindung mit ausgeprägter Gefühlsambivalenz zum Selbsthass bei der Melancholie. Immer aber ist der Schmerz dadurch charakterisiert, dass er nicht das Ende einer Beziehung meint, sondern dass er einen Teilverlust des Selbst betrifft, als sei es amputiert worden. Der Trauerklage um das verlorenen Objekt steht die melancholische Selbstanklage gegenüber. Die Selbstzerfleischung in der Melancholie ist im Grunde eine Anklage gegen das Objekt, das dem eigenen Selbst einen solchen Verlust zugefügt hat.»[35]

Es kann also hinter der Depression – wie auch beim Weinen – eine gehörige Portion Selbstliebe versteckt sein, die man ehrlich anschauen muss, will man sich nicht in völligen Illusionen verzehren.

Schauen wir nun in den religiösen Entwicklungsgang der Menschheit, in ihre «Leidensgeschichte», so wollen wir für unser Thema besonders den Gegensatz von Buddhismus und Christentum herausarbeiten.

Die asiatische Anschauung von der Welt unterscheidet sich sehr stark von der unsrigen: Der Sinneswelt wird nicht eine derartige Bedeutung zugemessen wie bei uns. Die Welt der Sinne ist *Maya*, ist Illusion und Nichtigkeit und nur Ausdruck eines unvergänglich Höheren, also «unwesentlich». Dadurch wird auch alles Tun des Menschen in bzw. an dieser Sinnenwelt relativiert, wenn nicht sogar illusorisch. Hat zum Beispiel im Buddhismus nur die Tat des Menschen und nicht seine Person einen Bestand für das Nachtodliche, so ist im Christentum gerade das im

Mittelpunkt des Interesses, was die Taten vollzogen hat und im Jenseits zur Verantwortung gezogen wird: der unsterbliche Wesenskern, das Ich, die geistige Einheit hinter Leib, Seele und den Werken. Für den Buddhisten ist Erdenleben Leiden, das schon beim Geborenwerden anfängt und erst mit dem Tod endet. Die Ursachen des Leidens sind der Durst nach irdischer Existenz, der durch Leiden-Schaften im Irdischen aufrechterhalten wird und den Menschen immer wieder zur Geburt veranlasst. Den Durst nach Dasein gilt es zu überwinden, indem die vielfältigen Ursachen des Leidens erkannt werden. Somit kann die Erlösung des Menschen vom Leiden und vom Dasein angestrebt und das ewige Rad der Wiedergeburt unterbrochen werden. Der Weg ins geistige Dasein, ins *Nirvana*, wird frei. Insofern kann man den Buddhismus als «Erlösungsreligion» bezeichnen, weil der Mensch strebt, von der Sinneswelt weg und über sie hinauszukommen.

Das Christentum hingegen sucht gerade durch das Leben auf der Erde in den vielfältigen Begegnungen, Leiden und Taten einen Weg in die Höherentwicklung und Vollkommenheit. Die ganze Erde wird auf diese Weise in der menschheitlichen Entwicklung «mitgenommen» und erlöst und auf eine geistig höhere Stufe geführt. Das Christentum wird somit zu einer Religion «der Wiedergeburt auf geistiger Stufe» (Rudolf Steiner). Das Ziel der Weltgeschichte ist also nicht die Erlösung vom Erdendasein wie im Buddhismus, sondern gerade die Erlösung im Irdischen und mit der Erde zusammen auf immer neuen Stufen. Im Gegensatz zur ewigen Wiederkehr des Gleichen haben wir im Christentum eine geschichtliche Höherentwicklung, an der der Mensch maßgeblich beteiligt, ja in der er sogar das Zentrum ist. Die sinnliche Erdenwelt wird somit nicht ein zu überwindendes Leiden, sondern die Notwendigkeit einer kosmischen Entwicklung.

Christus, als «Sohn Gottes», hat sich mit seinem Leiden sogar freiwillig der Erde und den Menschen hingegeben. Nicht die Sinneswelt ist Illusion und Leiden, sondern das unvollkommene menschliche Seelenleben ist der eigentliche Quell von Illusion und Irrtum. Ändert der Mensch sich im Innern, sucht er also strebend seine Erkenntnisse im Leben auf der Erde zu vervollkommnen, so wird auch die Erde erlöst und hat ihren Sinn im kosmischen Ganzen erfüllt. Durch die Entwicklung neuer Organe, der «Geistesaugen und -ohren», werden Irrtum, Täuschung und damit auch die Leiden letztlich überwunden. «Eroberung der Welt, die uns heute als physisch erscheint, durch das, was der Mensch heute noch nicht hat, was er sich aber erringen soll als ein Geistiges; Überwindung des menschlichen Irrtums, als ob die Außenwelt nur eine Illusion, nur Maya wäre: das ist der innerste Impuls des Christentums.»[36]

Im Ich selber, in der Geisterkenntnis, liegt demnach das wahre Heilmittel gegen das Leiden, das letztlich immer aus dem Nichtwissen stammt. Leid, Tod und Schmerz sind die «Entwicklungshelfer» zur Arbeit an sich selber, zur Wandlung, zur inneren Neugeburt, zur Auferstehung. Es geht in keiner Weise um die passive Duldung, Verherrlichung oder Verdrängung von Schmerz und Leid, sondern um die Verwandlungskräfte und damit um die Aufforderung, tätig zu werden, auch das Leid des anderen mitzutragen oder ihm dieses erträglicher zu machen. Aus dem bloßen Mitleid wird dann aktive Liebestat.

Wir wollen uns nun den Möglichkeiten zuwenden, die im Glück oder Unglück verborgen liegen. Im Februar 1910 hat Rudolf Steiner einen Spruch in sein Notizbuch geschrieben, der exemplarisch den Zusammenhang von Glück und Leid, von Geschenktem und zu Erringendem im Leben verdeutlicht:[37]

Es ruhen in der Zukunft Schoß
Für meine Seele
Die guten und schlimmen Lose.

Was mir Gutes täglich erfließt,
Will ich bemerken;
An ihm zeigt sich mir,
Was Götter aus mir gemacht.

Was mir Schlimmes zuweilen erfließt,
Will ich ertragen;
An ihm zeigt sich mir,
Was ich selber aus mir machen kann.

Ich danke meinem guten Geschick,
Wie ich jetzt lebe.
Ich danke meiner Stärke im schlimmen Geschick
Die Kraft, die ins Leben mich aufwärts führen kann.

Wer glaubt, dass gutes Geschick allein fördert,
Schlimmes allein niederbeugt,
Der sieht nicht das Jahr, sondern allein den Tag.

Neben dem Vergangenheitsaspekt im Glück und dem mehr zukünftigen im Unglück liegt auch noch etwas verborgen, was man in Kurzform so ausdrücken könnte: Beim Glück erweist dir die Welt ihre gnadenvolle Größe, beim Unglück dagegen kannst du der Welt deine eigene Größe und Stärke beweisen.

Auch bei Goethe, der ja immer wieder im Laufe seines langen Lebens schwere Depressionen durchzustehen hatte, finden wir treffende Bemerkungen zu diesem Thema. So schreibt er einmal in seinem sechsunddreißigsten Lebensjahr:

> Unglück bildet den Menschen und zwingt
> ihn, sich selber zu kennen,
> Leiden gibt dem Gemüt doppeltes Streben
> und Kraft.
> Uns lehr' eigener Schmerz, der anderen
> Schmerzen zu teilen.
> Eigener Fehler erhält Demut und billigen
> (das heißt einfachen, d.V.) Sinn.

Manchmal hat er sich auch wesentlich prosaischer und knapper ausgedrückt, wenn er sagt: «Der Mensch, der nicht geschunden wird, wird nicht erzogen ...»

Es ist nun nötig, die Bedeutung der seelischen Schatten- und Lichtseiten, Leid und Glück – wie Regen und

Sonnenschein in der Natur – zu verstehen und zu würdigen. Dabei wollen wir uns noch einmal an das Ideal der seelischen Gesundheit erinnern: sich an die Welt und die Ereignisse hinzugeben, sich seelisch «auszuatmen», ohne sich zu verlieren, und sie dann im Innern erkenntnis- oder gefühlsmäßig zu durchleben, sie «einzuatmen», ohne zu ersticken, zu verhärten oder sich abzukapseln. Dieses seelische «Atmen» erhält die Gesundheit unserer psychischen Existenz. Eine der seelischen Grundübungen des anthroposophischen Schulungsweges, der somit auch eine echte Depressionsprophylaxe darstellt, ist das Erlangen der Fähigkeit des «inneren Gleichgewichts» und der «Ertragsamkeit».

Beim «inneren Gleichgewicht» ist es das Finden eines «geistigen Schwerpunktes», der im Lebenssturm zu erringenden inneren Festigkeit und Sicherheit, die zum Beispiel durch ein geistgemäßes Denken über die Weltereignisse entsteht. «Nicht die Flucht vor den hin- und widerziehenden Tatsachen des Lebens ist das Richtige, sondern im Gegenteil: das volle Hingeben an das Leben und *trotzdem* die sichere, feste Bewahrung von innerem Gleichgewicht und Harmonie.»[38]

Die «Ertragsamkeit» ist eine wichtige Übung, um im auf- und niedersteigenden Stimmungswechsel sich innerlich in der Hand zu behalten. Wir werden ganz von allein durch Lust und Freude froh, der Schmerz und das Unglück drücken uns meist herab. Dies alles tritt fast automatisch in unserer Seele auf. Sucht man sich in diesen Dingen aber die innere Freiheit zu erringen, die einzig und allein im Ich gründet, so muss man sich seelisch hingeben können, ohne sich selbst aufzugeben, mit menschlicher Würde «den Kopf oben behalten».

«Von nichts sich übermannen, außer Fassung bringen lassen. Das begründet nicht Gefühllosigkeit, sondern macht den Menschen zum festen Mittelpunkt innerhalb der Lebenswellen, die rings um ihn auf- und niedersteigen. Er hat sich stets in der Hand.»[39]

Wir sehen also, dass wir wohl zwischen den seelischen, meist vorübergehenden Stimmungsschwankungen und dem Stetigen in uns unterscheiden müssen. Wenn man sich nicht total von außen überwältigen lässt, so heißt das noch lange nicht, dass man reaktionslos geworden ist.

Schauen wir uns nun gewisse seelische Regungen an und beginnen dabei mit dem scheinbar Einfachsten und Alltäglichsten, dem Lachen und Weinen.

Beim Lachen erleben wir bis in die Leiblichkeit hinein die ausdehnenden und fließenden Kräfte (lat. humor = Saft), eine enge Verbindung tritt mit allem Außenstehenden ein, über das wir uns schließlich erheben. Wir lösen uns aus und von uns und auch kurzfristig aus der Welt und erleben so ein Freiheitsgefühl. Deshalb lachen wir, wenn wir etwas Absurdes wie einen Witz hören, der ja Dinge zusammenbringt, die in der Welt so nicht passieren oder aus dem Gewöhnlichen stark herausfallen. Diese Freiheitskomponente des Humors ist ja in allen Diktaturen, die Freiheit unterbinden wollen, verhasst und wird mit Gefängnis oder sogar mit dem Tode bestraft. Beim Schmerz und dem darauffolgenden Weinen als körperlicher Reaktion ist es umgekehrt. Wir ziehen uns in uns zusammen, wollen von der Welt nichts mehr wissen, fesseln uns an unser eigenes Selbst. Wir werden, indem wir uns zusammenziehen, «sauer». Die Trauer trennt uns vom Weltganzen. Kommt es dann aber zu den «erlösenden» Tränen, die wir ja nach außen produzieren müssen, so löst sich tatsächlich unser ganzes zusammengekrampftes Innenleben auf – wir empfinden das als Befreiung, als «Ja» zur Erde. «Die Träne quillt, die Erde hat mich wieder.» (Goethe, *Faust I*) Die salzigen, irdischen Tränen sind eine Wohltat für die Seele, die sogar so weit gehen kann, dass es zu einer Wollust im Weinen kommen kann. Bei depressiven Zuständen, die oft tränenlos sind, ist das erlösende Weinen der erste und wichtigste Schritt zur Problemlösung und – ähnlich wie das Schwitzen beim Fieber – der Beginn der Genesung. Wir sehen nun, wie Lachen und Weinen physischer Ausdruck des seelischen Atmens sind.

Wie steht es nun mit dem Glück und dem Unglück? Beim Glück erleben wir wie beim Lachen eine innere Befreiung und Hingabe an die Welt, beim Unglück kapseln wir uns durch das Trauern erst einmal von der Welt ab, wollen sozusagen mit der Welt nichts mehr zu tun haben. Da wir aber weltbedürftige und weltorientierte Wesen sind und Glück uns in den meisten Fällen ohne unser Verdienst als ein Geschenk des Schicksals von der Welt zufließt, lieben wir es verständlicherweise mehr als Leid und Unglück.

Wir empfinden ganz intuitiv, dass uns beim Glück die Welt gewogen ist. Das Leid hingegen wurde in alten Zeiten immer auch als Strafe für begangene Sünden angesehen («die Krankheit ist der Sünde Zoll») und damit auch als Prüfung und Aufforderung zur Höherentwicklung, ist also grundsätzlich immer mit innerer Anstrengung verbunden.

Durch das Glück verbinden wir uns also enger mit dem Leben und der Welt, beim Unglück hingegen treten wir aus dem allgemeinen Lebensstrom heraus, ein Fremdes unterbricht unseren Daseinsfluss, hält ihn an, und Seelisches kann sich verdichten, wird somit zu erhöhtem Bewusstsein, zu Schmerz. Dieses «Hereinbrechen» des Unglücks ins unbewusst verlaufende Leben schafft also neue Organe, wie ja unsere Sinnesorgane auch dadurch entstanden sind, dass von außen die fremde Welt des Lichtes, der Töne etc. «hereingebrochen» sind und uns buchstäblich «Augen und Ohren geöffnet» haben. Schmerz und Trauer bilden also tatsächlich neue Organe in unserer Seele aus, mit denen wir unser Leben besser und tief greifender verstehen können. Drohen wir uns im Glück an die Welt zu verlieren, so können wir uns im Schmerz in uns wiederfinden und unser Seelenleben, wie bei der Depression, vertiefen. Aus Trauer und Schmerz kann Weisheit erwachsen, wie die Perle in der Auster der physisch geronnene Schmerz ist, den die Auster an dem für sie fremden Sandkorn erlebt. Der Schmerz wird zur Voraussetzung, damit sich die «Perle der Lebensweisheit» richtig entwickeln kann.

Es ist auch immer eine Herausforderung, sich über sich selbst zu erheben und einen tieferen Sinn zu entwickeln. Das Glück stärkt also unser Gemütsempfinden und den Lebenswillen, das Unglück hingegen bildet in uns Erkenntnisstärke und Lebensweisheit.

Schauen wir diese Tatsachen von einem höheren Gesichtspunkt aus an, so können Leid, Schmerz und Depression eine wesentliche Hilfe sein, uns von unserer nach außen gerichteten irdischen Verstrickung und damit letztlich vom seelischen Tod zu befreien, indem Krankheit und Schmerz wie ein Ausgleich gegen die Veräußerlichung wirken. Das finden wir in fast allen esoterischen Lehren wieder, dass der zu tiefe Fall in die materielle Welt als Ausgleichstat zur Rettung der Menschen Krankheit, Schmerz und Tod fordert. «... die höheren Wesenheiten haben ihre Gegenmittel ergriffen in dem Sinne, dass der Mensch nunmehr nicht unbedingt dieser Sinneswelt verfallen konnte, indem sie ins Gefolge der sinnlichen Begierden und sinnlichen Interessen Krankheit und Leiden gesetzt haben, sodass in der Welt genau ebenso viele Leiden und Schmerzen sind wie bloßes Interesse für die physische, sinnliche Welt. Beide halten sich vollständig das Gleichgewicht, von keinem ist mehr in der Welt vorhanden: ebenso viele sinnliche Begierden, ebenso viele sinnliche Leidenschaften wie Krankheit und Schmerzen.»[40]

Durch den Schmerz wird also das bisher Unedle und Unvollkommene höher geführt.

Schauen wir uns zum Schluss noch die Zeitproblematik bezüglich der sehr stark um sich greifenden seelischen Epidemien an, zu der vornehmlich die Depression gehört. Indem wir in unserem Kulturkreis äußeres Glück, Gesundheit und Wohlstand erzeugt haben und damit rein physische Annehmlich- und Bequemlichkeiten, sind wir alle der Sinnenwelt enger verhaftet. Man hängt sozusagen mehr an der Welt und am Leben. Von außen also, durch Katastrophen und Epidemien, ist ein Schicksalsausgleich oder eine Schicksalskorrektur dadurch nur schwer möglich. Was aber durch ein äußeres Unglück nicht mehr ausgeglichen werden kann, schlägt dann nach innen, wird zur seelischen Katastrophe. Es ist ja eine bekannte Tatsache, dass in materiellen Notzeiten, besonders im Krieg, die seelischen Krankheiten verschwinden und umgekehrt. Auch steigt die Selbstmordrate, wenn die äußeren Nöte, die einen kämpfen lassen, aufhören und die innere Leere bemerkt wird. Damit bekommt die «seelische Not der Gegenwart», zu der besonders die Depression gehört, einen positiven Aspekt, weil sie uns in der inneren Not aufruft, nach einer geistigen Heilung zu suchen, die durch materielles Übertünchen eben nicht dauerhaft möglich ist. Die Suche nach esoterischen Hilfen in der heutigen Zeit mag aus dieser Tatsache her erklärlich sein. Wegen der Aktualität dieses Problems und der gewaltigen Zunahme seelischer Krankheiten in unserem Kulturkreis sei eine treffende Charakterisierung Rudolf Steiners ausführlicher zitiert:

«Wir machen ihm (dem Menschen, d.V.) das äußere Leben angenehmer oder auch gesünder. Dadurch erreichen wir aber nur, dass dasjenige, was der Mensch in dem entsprechenden Krankheitverhältnis sich als karmischen (das heißt schicksalhaften, d.V.) Ausgleich gesucht hätte, nun auf anderem Wege gesucht werden muss. Die Seelen, welche auf diesem Wege heute in gesundheitlicher Beziehung gerettet werden, werden also dazu verurteilt, in einer anderen Weise diesen karmischen Ausgleich zu suchen. Und sie werden ihn suchen *müssen* in zahlreichen Fällen ... Indem ihnen durch ein gesünderes Leben größere physische Annehmlichkeit bereitet wird, wird die Seele dadurch in der entgegengesetzten Weise beeinflusst; sie wird so beeinflusst, dass sie nach und nach eine gewisse Leerheit, eine Unbefriedigtheit, eine Unerfülltheit empfinden wird. Und wenn es so fortgehen würde, dass das äußere Leben immer angenehmer, immer gesünder würde, wie man es nach den allgemeinen Vorstellungen im rein materialistischen Leben haben kann, dann würden solche Seelen immer weniger Ansporn haben, in sich selber weiterzukommen. Eine Verödung der Seelen würde in gewissem Sinne parallel einhergehen. Wer sich genauer das Leben ansieht, kann das heute schon bemerken. In kaum einem Zeitalter hat es so viele Menschen gegeben, welche in so angenehmen äußeren Verhältnissen leben, aber mit öden, unbeschäftigten Seelen einhergehen, wie es heute der Fall ist. Diese Menschen eilen darum von Sensation zu Sensation; dann, wenn das Pekuniäre reicht, reisen sie von Stadt zu Stadt, um etwas zu sehen; oder wenn sie in derselben Stadt bleiben müssen, eilen sie jeden Abend von Vergnügen zu Vergnügen. Die Seele bleibt aber darum doch öde, weiß zuletzt selber nicht mehr, was sie aufsuchen soll in der Welt, um einen Inhalt zu bekommen … So werden die Seelen leidender, während das äußere Leben gesünder gemacht wird … Die Seelen können nur bis zu einem gewissen Grad leer bleiben; dann werden sie wie durch die eigene Elastizität nach der anderen Seite hingeschnellt. Sie suchen dann einen Inhalt, der verwandt ist mit den Tiefen der eigenen Seele, und sie werden dann einsehen, wie notwendig sie es haben, zu einer theosophischen (das heißt zeitgemäßen Geistigkeit, d.V.) zu gelangen ... Die Seelen werden so lang suchen, immer wieder Neues aufnehmen, bis die Elastizität von der anderen Seite so stark wirkt, dass die Seelen sich mit dem vereinigen werden, was man spirituelles Leben nennen kann. So gibt es eine Beziehung zwischen Hygiene und den Zukunftshoffnungen der geisteswissenschaftlichen Weltanschauung.»[41]

«Der Mensch in der dunklen Nacht weiß mit Bestimmt-
heit, dass seine Krankheit nur von Gott selbst geheilt werden kann. Deshalb darf er sich nicht mit
künstlichen Lichtern selbst die Finsternis verkürzen,
sondern er muss warten, bis die Sonne der Gottes-
liebe aufgeht. Die Bedrängung durch die ‹Nacht› wäre
sonst ohne Sinn geblieben.»[42]

Elisabeth Ott

Die dunkle Nacht der Seele

Die geistige Dimension der Schwermut

Die «dunkle Nacht der Seele», ein Begriff, der aus der Mystik stammt, ist ein Erlebnis, das immer dann auftritt, wenn der Mensch sich geistig höherentwickeln und vervollkommnen möchte. Nur in der absoluten Finsternis, der inneren Leere, seelischen Ohnmacht und absoluten inneren Verarmung, wird die Seele offen für das Lichtvolle, das von «oben» helfend und die Depression überwindend in sie hineinstrahlt. Insofern ist die «Nacht» Voraussetzung für eine neue, schöpferisch-geistige Kraft, eine innere Neugeburt der menschlichen Individualität. Ein Erlebnis, das die französische Philosophin Simone Weil so nannte: «Wir nehmen teil an der Erschaffung der Welt, indem wir uns selbst erschaffen.» Erst in diesem absoluten Ganz-Unten, dieser «schöpferischen Depression», findet die Seele die innere Kraft für den Aufstieg. Manchmal kann es sogar ein schönes Erlebnis sein, wenn man ganz unten angekommen ist, zu wissen, dass man nicht noch tiefer sinken und es von nun an nur noch aufwärts gehen kann.

Es kann also bei der seelischen Entwicklung – ob sie von innen bewusst angestrebt oder unbewusst von außen, vom Lebensschicksal her intendiert wird – die Depression als seelisches Ohnmachtsgefühl vor dem Geistigen nicht ausbleiben. Denn das bis dahin noch verborgene höhere Selbst des Menschen, das nicht wie sein Alltagsselbst angefüllt ist mit Illusionen, Eitelkeit, Selbstbetrug, Erziehungsmaximen – kurz mit Verfremdungen –, muss erst einmal als Leere, als Unglück, ja als «Nacht» empfunden werden. Eine Erfahrung der Mystiker war die, dass sie das geistige Licht zunächst einmal als Dunkelheit erlebt haben, als Nichts. Es ist klar, dass der Mensch sich davor zunächst fürchtet und in Schwermut verfällt, wenn alle gewohnten äußeren Stützen wegfallen.

In Rudolf Steiners zweitem Mysteriendrama findet sich eine Szene, wo ein Forscher namens Capesius glaubt, sein Wesen nach einem Geisterlebnis zu verlieren und infolgedessen eine seelische Ohnmacht durchleidet. Seine erste Reaktion ist: «Bin ich denn noch, der ich vordem war?» Ein Selbstverlust seines alltäglichen Ichs tritt ein: «O – ich bin – ich bin es nicht ...» – «Wo ist Capesius, wo bin ich selbst?» In dieser inneren Ohnmacht und seelischen Finsternis tritt nun Benediktus, ein Eingeweihter, ein Wissender, auf, der diese innere Wandlung ins Wesentliche erkennt und ihm paradoxerweise antwortet:

«… Und wundert euch dann nicht, wenn euer Schmerz in meiner Sprache den Namen ändern muss. – Ich finde euch im Glücke.»[43]

Da haben wir eine Situation der «dunklen Nacht», die sicher jeder von uns kennt – auch wenn sie sich erst später als Licht herausstellt – und wo Hoffnungskräfte durch neue Seelenfähigkeiten unabhängig von außen erwachsen können. Denn nach einem alten Wissen wird der Mensch erst dann geboren, wenn er sich seiner selbst bewusst wird. Dazu muss man lernen, Überkommenes loszulassen, was sowieso meist schon verloren ist, und die veränderte Realität, auch wenn zwischen dem Alten und Neuen noch ein Abgrund zu sein scheint, anzunehmen. Denn ohne dass ein Altes abstirbt, kann sich kein Neues bilden, und das hat zunächst mit einem inneren Todeserlebnis zu tun. Die Psychologie würde das so nennen: Wir müssen von einem regressiven, nach hinten, vergangenheitsorientierten zu einem progressiven, nach vorn, der Zukunft entgegengerichteten Menschen werden.

Wir wollen uns nun diese innere «Schwellensituation» genauer anschauen. Das ausschließlich nur nach außen

Gerichtetsein, die weltlich-materielle «Grandiosität» (A. Miller) führt zu einer inneren Verarmung und zu einem seelischen Entwicklungsstillstand. Oft passiert dann ein unerwartetes «Unglück» oder ein Verlust, der den Menschen aufrütteln will, aber erst einmal zu «negativen» Reaktionen wie Trauer, Angst, Depression etc. führt. In den meisten Fällen setzt sich der Mensch mit diesen Ereignissen nicht auseinander, sondern versucht, sich mit allem Möglichen zu trösten und abzulenken. Was vom individuell Seelischen durchaus verständlich ist, erweist sich aber seinem höheren Wesen gegenüber als Blindheit. Dieses Höhere, was es ja durch innere Erkenntnisarbeit erst zu erringen gilt, wird als «Leere» erlebt; die eigene Seele in ihrer nun empfundenen Endlichkeit und Ohnmacht setzt sich für ihr eigenes Überleben eine Maske nach außen auf: die Depression, das Stehen vor dem «Nichts». Das aber wäre die Chance, zum wahren Selbst durchzustoßen. Stattdessen versucht der Mensch alles, um durch äußere Ablenkung diesem sich bilden wollenden Unendlichkeitsgefühl zu entfliehen. «Die einzige Sache, die uns in unserem Elend tröstet, ist die Zerstreuung. Doch ist gerade sie unser größtes Elend.» (Pascal)[44]

Wie die Depression die äußere Maske des Nichts, des Gefühls der Endlichkeit und Sterblichkeit ist, so kann sich auch nach und nach in der Seele eine Fähigkeit bilden, die die äußere Maske des Ewigen, des in uns lebenden Geistigen ist: die Hoffnung auf die Verwirklichung der eigenen Person. Die Angst, die dabei naturgemäß auftritt, ist meist nichts anderes als eine Selbstwerdungsangst. Wird dieser Schritt zur Selbstwerdung im höheren Sinne nicht gewagt, dann stellen sich Stagnation, Auf-der-Stelle-Treten und letztlich eine innere Seelenlähmung ein. Wie oft hört man in der Sprechstunde: «Ich würde ja weggehen, wenn wir nicht das Haus hätten … Was soll ich machen, ich brauche ja das Geld … Wie soll ich mich allein durchschlagen … Ich habe furchtbare Angst vor dem Alleinsein …» etc. Ein Warten ins Leere beginnt, ohne Veränderung. Man kann schon vorausahnen, wie die nächsten hundert Sonntage ablaufen werden. Ein inneres Nichts tut sich auf, das sehr oft mit dem «Tod auf Raten», mit Alkohol, Tabletten, Drogen, aber auch mit Arbeitswut überdeckt wird. Eine trügerische, lähmende Hoffnung ohne wirkliches Lebensziel beginnt. Was aber zunächst wie eine Strafe Gottes aussieht, ist in Wirklichkeit eine Gnade, dem inneren Seelentod durch Aktivität und Neubesinnung entkommen zu können. Erst dadurch erweist sich der Mensch als unsterbliches Ich-Wesen. Jetzt könnte ein neues, nie geahntes Lebensmotiv entstehen, ein neuer Inhalt, eine Hoffnung, die sich nicht auf Äußeres abzustützen braucht, die alles der eigenen Initiative verdankt. Ein äußerer Verlust wird ja Gott sei Dank nur mit dem Zusammenbruch der banalen Hoffnung beantwortet und seelisch als Enttäuschung er-

Bricht aber die fundamentale Hoffnung, der Glaube die eigene Schicksalsverwirklichung zusammen, dann ben wir die echte Verzweiflung, die «Krankheit zum Tode». (Kierkegaard)

Die echte Hoffnung auf Selbstwerdung, die mit der Selbstannahme beginnen muss, ist also der Schatten, den das Geistige in unsere Seele wirft. Wird das nicht mehr erlebt oder sogar verworfen, so ist meist der Weg zur Selbstzerstörung geebnet. Die Schwere der Depression resultiert aus der Unfähigkeit, aus den eigenen Ich-Kräften heraus Hoffnungs- und damit Zukunftskräfte zu entfalten. Der Glaube an das ewige Wesen in uns geht verloren. Setzen wir voraus, dass jeder Mensch sich wandeln und entwickeln möchte, um sein Ich zu finden, so können depressive Stimmungen als Ausdruck einer inneren Vertiefungsmöglichkeit, eben des «Selbstfindungsprozesses», nicht ausbleiben. In der Mystik hat man sie noch als «Gottesnähe» bezeichnet, weil das Selbst zur Wandlung ins Licht aufgerufen wird, die leibgebundene Endlichkeit überwinden und somit vom Unwesentlichen ins Wesentliche wachsen kann.

Die Angst vor der Selbstwerdung – und das heißt ja Verantwortung für sich und sein Leben zu übernehmen – ist heute eine der hauptsächlichen Ursachen der Depression, mag sie aus den frühen Kindheitserlebnissen auch noch so plausibel sein. Man muss sich ja im Leben irgendwann einmal entschließen, erwachsen zu werden.

Die Depression ist somit eine Chance, ja das Tor, um das «falsche Selbst» in das wahre, höhere Selbst zu wandeln. Daraus wird verständlich, dass auch ein freiwillig aufgenommener Schulungsweg, als Weg zu seinem geistigen Selbst durch Meditation, zum Beispiel die Depression nicht ausschließt – im Gegenteil.

Eine der engsten und fortgeschrittensten Schülerinnen Rudolf Steiners, Mathilde Scholl, die durch intensive Geistesschulung tief greifende Erleuchtungserlebnisse hatte, musste ihr ganzes Leben mit den zuvor erwähnten depressiven und auch aggressiven Begleiterscheinungen kämpfen. Starke cholerische und depressive Zustände als Geburtswehen ihres höheren Wesens wechselten miteinander ab. Rudolf Steiner schrieb ihr dazu: «Ihr vorletzter Brief spricht von ihren jetzigen Depressionszuständen. Machen Sie sich darüber nur ja keine Sorgen. Solche Erlebnisse sind notwendige Begleiterscheinungen einer wirksamen esoterischen Arbeit.» Als sich dann im Laufe der Zeit diese Zustände noch verschlimmerten, wird Rudolf Steiner in seiner Aussage den Freunden gegenüber noch deutlicher: «So traurig auch die Mitteilungen sind, welche Sie mir bezüglich unserer guten M. Sch. machen: sie bieten mir nichts Überraschendes. Es wird aber auch jetzt nicht möglich sein, durch irgendetwas ihr zu helfen … Die Sache liegt durchaus so, dass sie vor einer Prüfung steht, die ihr unmöglich abgenommen werden kann … Es wäre ja auch nicht gerade richtig, wenn man Mathildes jetzige Seelenverfassung als ‹Schwäche› auffassen wollte. Bei der okkulten Stufe, auf der sie lebt, handelt es sich dabei nicht um ihre innere Schwäche, sondern vielmehr um die Stärke der Angriffe, die von gewissen Mächten auf ihre Seele ausgeübt werden … Wenn sie aus dieser Prüfung siegreich hervorgeht, dann wird ihr zuletzt umso mehr Kraft zuströmen …»[45]

Abschließend können wir sagen, dass, wenn wir eine vollständigere Übereinstimmung mit unserem höheren Geistwesen, unserm Ich anstreben, dies wie ein Geburtsvorgang ist, der erst einmal wie jede Geburt mit Schmerz und Leidenserlebnissen verbunden ist. Vor dieser «unerklärlichen Melancholie» (Rudolf Steiner) dürfen wir aber nicht zurückschrecken, denn sie ist nur der Schatten eines wirklichen, «nachgeholten Inkarnationsvorganges» (Rudolf Steiner) unseres Ich-Wesens. Diese vorübergehende Seelenverdüsterung verführt den Menschen zu allen möglichen Neigungen, sich abzulenken oder sich zu betäuben. Diese maskieren sich oft so raffiniert, dass man ihren ursprünglichen Betäubungscharakter kaum noch erkennen kann. Die nach außen gezeigte übermächtige Geschäftigkeit, die Flucht in die Arbeit, das sich Unabkömmlichmachen etc. sind oft nichts weiter als Verkleidungen der Depression. Fällt dann die äußere Ablenkung fort, zeigt sich das grauenvolle Antlitz von Angst, Minderwertigkeitsgefühlen und innerer Leere, und aus der bisherigen Überbeschäftigung entspringt die langsame Selbstzerstörung. Ein Phänomen, das in der Film- und Unterhaltungsindustrie nicht selten auftritt.

Das hatte wohl der französische Philosoph Blaise Pascal (1623–1662) im Auge, als er schrieb: «Denn nichts ist dem Menschen so unerträglich, wie in einer völligen Ruhe zu sein, ohne Leidenschaft, ohne Tätigkeit, sich einzusetzen. Dann wird er sein Nichts fühlen, seine Verlassenheit, seine Unzulänglichkeit, seine Abhängigkeit, seine Ohnmacht, seine Leere. Unablässig wird aus der Tiefe seiner Seele die Langeweile aufsteigen, die Niedergeschlagenheit, die Trauer, der Kummer, der Verdruss, die Verzweiflung.»[46]

Dieses Erlebnis ist die eigentliche Wurzel des heute so um sich greifenden und unstillbaren «Reizhungers». Das Erlebnis des inneren Vakuums ist der Einstieg in jegliche Form der Betäubung, das heißt des Taubwerdens vor den Bedürfnissen der eigenen Seele.

Die Depression bekommt somit auch eine geistige bzw. geistliche Dimension. Sie ist die große Heilerin, wenn alle äußeren Ablenkungsmanöver versagen und sich das wahre Wesen des Menschen zu Wort meldet.

Auch wenn am Anfang die inneren Augen in der dunklen Nacht noch nichts zu sehen vermögen, so kann doch eine Ahnung entstehen, dass eine Welt existiert, die uns weisheitsvoll führt und erhält. Ja, oft ist es gerade umgekehrt: dass in der größten Lebensprüfung und inneren Verlassenheit das eigene höhere Wesen einem am nächsten ist und förmlich darauf wartet, erkannt zu werden. Dies soll zum Schluss dieses Kapitels eine alte englische Legende aufzeigen.

Fußspuren

Eines Nachts hatte ein Mensch einen Traum. Er träumte, er gehe den Strand entlang mit Gott, über den Himmel hin leuchteten die Szenen aus seinem Leben auf. Für jede der Szenen bemerkte er im Sand zwei Paar Fußspuren; die ein gehörte zu ihm selbst, die andere zu Gott. Als die letzte Szene vor ihm aufgeleuchtet war, blickte er zurück auf die Fußspuren und bemerkte, dass lange Zeit den Weg entlang nur ein Paar Spuren im Sand zu sehen war. Er bemerkte auch, dass dies geschehen war während der schwersten und traurigsten Zeit in seinem Leben. Das machte ihm ernstlich Kopfzerbrechen, und er fragte Gott: «Herr, du sagtest, als ich mich entschied, dir zu folgen, du werdest den ganzen Weg mitgehen. Aber ich bemerke, dass während der schlimmsten Zeit meines Lebens nur ein Paar Spuren da waren. Ich verstehe nicht, dass – als ich dich am meisten brauchte – du mich verlassen hast.»

Gott antwortete: «Mein kostbares Kind, ich liebe dich und wollte dich niemals verlassen! – Während deiner Zeit voller Last und Leiden, als du nur ein Paar Spuren sahest, da war es so, dass ich dich getragen habe.»

«Freiheit kann nur dadurch ersprießen, dass der Mensch sich den höchsten Inhalt seines Erden-Ich selber gibt.»[47]

Rudolf Steiner

Die Heilung der Seele durch den Geist

Wir haben gesehen, dass die Grundlagen der körperlichen und seelischen Krankheiten letztlich im Egoismus, in den «dunklen» Trieben, Irrtümern, Illusionen etc. liegen. Also ist es die Seele selber, die sich aus Unfreiheit und Nicht-Wissen ihre leiblich-seelischen Hindernisse schafft, an denen sie durch Krankheit und Schicksalsschläge eine innere Kurskorrektur erfährt. Kann es uns überhaupt gelingen, das Seelendunkel so weit zu lichten, dass wir erkennen, wie wir und die Welt in Wirklichkeit sind? Selbsterkenntnis mit moralischem Bemühen nach innen und Erkenntnis der tatsächlichen, von Wunschvorstellungen ungetrübten Zusammenhänge der Außenwelt können eine gewisse Richtschnur für unser Bemühen sein. Das von uns Getrennte durch die Erkenntnisbemühung wieder seelisch «einzuatmen» – Rudolf Steiner hat dies einmal als den Sinn unseres Lebens bezeichnet. Noch sind wir Nicht-Wissende, die aber durch Krankheit und Leid Erkennende werden können. Wir müssen aber nicht alle Krankheiten austragen, wenn wir früh genug die andere Seite der Krankheit, die Erkenntnis, freiwillig auf uns nehmen.

Um überhaupt auf das Geistige anfänglich aufmerksam zu werden, kann man eine Übung machen, die Rudolf Steiner das «Wunder des Tages» nennt. Dieses Wunder können wir nur entdecken, wenn wir aus unserem normalen Bewusstseinsschlaf aufwachen. «Wir können gleich einmal anfangen mit der Wachsamkeit, können finden, dass eigentlich im Grunde genommen kein Tag vergeht, in dem nicht in unserem Leben ein Wunder geschieht. Wir können diesen Satz, den ich jetzt sprach, umkehren, wir können sagen: Wenn wir an irgendeinem Tag kein Wunder finden in unserem Leben, so haben wir es nur aus dem Auge verloren. – Versuchen Sie einmal Ihr Leben am Abend zu überblicken. So werden Sie ein kleines oder ein großes oder ein mittleres Ereignis darinnen finden, von dem Sie sich werden sagen können: Es ist ja ganz merkwürdig in mein Leben hereingetreten, es hat sich ganz merkwürdig vollzogen. – Sie können dies erreichen, wenn Sie nur umfassend genug denken, wenn Sie nur Zusammenhänge des Lebens umfassend genug ins seelische Auge fassen. Aber das tut man im gewöhnlichen Leben gar nicht, weil man sich gewöhnlich nicht frägt: Was ist zum Beispiel durch irgendetwas verhindert worden …»[48]

Man sieht daran, dass der Weg der Geisterkenntnis mit innerer Initiative zu tun hat und nicht im Schnellverfahren gegangen werden kann. Das zu wahllose Genießen esoterischer «Fertigmenüs» kann sogar Seelenkräfte lähmen, die dann zu spezifischen Formen von Lebensangst und Depression führen. Die Beschäftigung mit real geistigen Dingen wirkt unmittelbar, und man wird dadurch erst für die Widersacherkräfte interessant. Gefahren von Selbstsucht und Seelentäuschung lauern dann an jeder Ecke.

Allein das intellektuelle Wissen um geistige Zusammenhänge ist somit noch kein Garant für die seelische Gesundheit. «Man soll sich keiner Täuschung hingeben. Durch die Anthroposophie wird das Leben schwerer, nicht leichter. Woran liegt das? Das liegt an dem Gesetz, dass *innere Initiative* des seelischen Erlebens ein unerlässlicher Bestandteil im Schicksal des Anthroposophen ist. Er (Rudolf Steiner, d.V.) sagt, wenn das die Anthroposophen nur wüssten und beherzigten, aber sie seien allzu oft wie Bienen, die Angst haben, ihren Stachel zu gebrauchen, und so bleibe die Initiative hinter einer allgemeinen Lebensfurcht zurück. Viele werden krank sein und werden nicht wissen, woher die Krankheit kommt. Krankheiten bei Anthroposophen kommen aus anderen Wurzeln als bei anderen Menschen. Warum sind Anthroposophen oftmals krank? Weil sie nicht das Gesetz der inneren Initiative in Anwendung bringen, sich also in die Defensive des Lebens drängen lassen, in die

Bürgerlichkeit des inneren Konsumentenstandpunkts …
Man kommt überhaupt nur mit dem Stachel der seelischen
Initiative und der fortwährenden Angriffsbereitschaft dem
Leben gegenüber zu sich selbst.»[49]

Wege zur Selbstentgiftung

Zur seelischen Gesundheit gehören ein schöpferisches inneres Leben und das freiwillige Bemühen um sogenannte
«Tugenden», die auf dem geistigen «Pfad» ein sicheres
Geleit geben, um an den Klippen des Lebens nicht zu
scheitern.

Die Grundlage dazu ist die Erlangung einer der wichtigsten seelischen Grundeigenschaften, die des «gesunden
Urteils».[50] Dazu muss man als Erstes wissen, dass heute
durch die besondere Stufe unserer Ich-Entwicklung eine
Wesenheit in uns sitzt, die sich automatisch durch Vor-Ur-
teile der Welt überstülpt und sich erst einmal in Gegensatz
zur Welt stellt, dadurch aber ein erhöhtes «Ich-Empfinden»
hat. Man muss nun lernen, gerade bei der Beurteilung anderer Menschen, mehr Interesse für den anderen zu entwickeln als den eigenen Sympathien und Antipathien gegenüber, die ja nie über den Menschen selbst etwas aussagen,
sondern nur über das Verhältnis, das man selbst zu diesem
Menschen hat. Der Blick muss als Erstes immer mehr vom

rein Privaten eines Menschen, das wir ja meist be- bzw. verurteilen, zu seinen objektiven, sichtbaren Taten und Talenten gehen. Schon Goethe hat sich dagegen gewehrt, das Privatleben eines Menschen vor den «allgemeinen Richterstuhl der Sittlichkeit» zu ziehen. «Niemand gehört als sittlicher Mensch der Welt an. Diese schönen allgemeinen Forderungen mache jeder an sich selbst, (und) was daran fehlt, berichtige er mit Gott und seinem Herzen, und von dem, was an ihm (selbst) wahr und gut ist, überzeuge er seine Nächsten. Hingegen als das, wozu ihn die Natur besonders gebildet, als Mann von Kraft, Tätigkeit, Geist und Talent gehört er der Welt an ... das nehme denn auch die Welt mit Dank an und bilde sich nicht ein, dass sie befugt sei, in irgendeinem anderen Sinne zu Gericht zu sitzen.»[51]

In ähnlicher Art hat sich Rudolf Steiner einmal über H. P. Blavatsky, die Gründerin der Theosophischen Gesellschaft, geäußert: «Lernen wir, der Menschen Fehler als ihre eigene Angelegenheit betrachten, und lernen wir, der Menschen Tat als die Angelegenheit der ganzen Menschheit betrachten. Worin die Menschen fehlen, das gehört zu ihrem Schicksal; was sie tun, ist Angelegenheit der Menschheit. Lernen wir, uns nicht zu bekümmern um der Menschen Fehler; die müssen sie selbst büßen. Aber lernen wir, dankbar zu sein für ihre Leistungen, denn von diesen lebt die ganze Menschheitsentwicklung.»[52]

Macht der Mensch dies, so kann die Seele selbst innere Kraft und Ruhe finden und sich den wesentlichen Dingen zuwenden. Denn wenn solche Dinge erst einmal ins Bewusstsein gelangen, die von einem echten geistigen Stellenwert sind, kann in das nun frei gewordene Unterbewusste geistige Kraft einströmen. Nach der Gesundung des Urteilsvermögens nach außen ist es auch nötig, sich einer ehrlichen inneren Selbsterkenntnis zu unterziehen, besonders was die eigenen Eitelkeiten, Liebhabereien und Egoismen angeht. Es gibt Menschen, die vor lauter «Geist» ihre eigene Seele nicht mehr wahrnehmen. Das Eingeständnis von Fehlern und der ehrliche Wunsch, diese anzugehen, bringt aber nach Steiner den Menschen innerlich viel weiter als alles Auswendigkönnen von Vorträgen und das Halten derselben. In der menschlichen Seele mischen sich nämlich oft die persönlichen Leidenschaften mit den Geisterkenntnissen, und der Mensch beginnt dann, seine Fehler mit sogenannten «objektiven» geistigen Erkenntnissen zu bemänteln. Daraus resultieren oft die mannigfaltigsten sozialen Ausgrenzungen und Spannungen. Es ist also von größter Wichtigkeit, zu unterscheiden, was man als Seelenmensch und auch Triebmensch noch an Unvollkommenheiten in sich trägt, und wo man der nach höheren Dingen strebende Mensch ist, der vielleicht eines Tages diesen unvollkommenen Menschen verwandelt und erlöst.

«Nicht wahr, im gewöhnlichen, philiströsen bürgerlichen Leben verlieben sich die Menschen, verliebt sich ein Mann in ein Mädchen. Man nennt's ‹Sichverlieben›, und man sagt die Wahrheit. In einer okkulten Gesellschaft soll es auch vorkommen, dass sich ein Mann in ein Mädchen verliebt. Es ist wirklich nicht ganz ausgeschlossen nach verschiedenen so möglichen Beobachtungen. Mancher von Ihnen wird doch schon einmal gehört haben, dass es auch vorgekommen ist. Aber man hört nicht immer in einer solchen Gesellschaft: Der X hat sich in die Y verliebt. Bei den Bauern heißt es, er geht mit ihr oder sie geht mit ihm. Das ist für dasjenige, was sich dem äußeren Anblick darbietet, zumeist eine sehr genaue Darstellung der Sache. Aber innerhalb okkulter Gesellschaften kann man manchmal hören: Ich habe mein Karma durchforscht, und da ich mein Karma durchforscht habe, ist in dieses Karma hereingetreten eine andere Persönlichkeit; da haben wir dann erkannt, dass wir durch das Karma füreinander bestimmt sind, dass das Karma uns dazu bestimmt hat, in dieser oder jener Weise in das Schicksal der Welt einzugreifen. Man merkt da nicht, meine lieben Freunde, wie viel an Verlogenheit, angefangen von der einfachen Tatsache des Sichverliebens bis zu dieser Behauptung hin, sich in die ganze Sache hineingemischt hat – an Verlogenheit, die der folgenden Tatsache entspricht. In einer materialistischen Philistergesellschaft gilt es als etwas ganz Normales, dass zwei Leute sich ineinander verlieben. In einer okkulten

Gesellschaft gilt es oftmals nicht als etwas Normales, sondern als etwas, demgegenüber man sich oft sogar ein bisschen schämt. Aber siehe da, das tut man nicht gern. Aus welchen Gründen heraus man keinen Willen zum Sichschämen hat, das braucht ja nicht untersucht zu werden, denn das können hunderterlei Gründe sein. Aber man schämt sich ja überhaupt nicht gern. Stattdessen sagt man: Das Karma hat gesprochen, und dem Karma muss man gehorchen. – Selbstverständlich ist man weit davon entfernt, aus bloßem Egoismus, aus bloßen Emotionen heraus dieses oder jenes zu tun, aber – dem Karma muss man gehorchen. Wahr wäre man …, wenn man sich gestehen würde, man hat sich halt verliebt. Man würde dann nämlich, wenn man sich die Wahrheit gestehen würde, einen viel sichereren Weg durchs Leben finden, als wenn man die Wahrheit mit allerlei karmischem Unfug verquickt. Denn der Grundunfug, die Dinge des persönlichen Lebens mit okkulten Wahrheiten zu verbrämen, führt zu unzähligen anderen Unfugen; namentlich dadurch, dass man keinen innerlichen Gefühlsmaßstab mehr hat für das Einhalten der Grenzen …»[53]

Diese Aussage ist nur ein Beispiel für die Tatsache, die sich jedoch in vielerlei Weise zeigen kann. Ist der Mensch offen für übersinnliche Dinge und wächst in ihm langsam der Hunger nach wirklichen Geisterkenntnissen, so kann er vorbereitet werden durch gute Literatur, die erst einmal in Romanform Schicksalszusammenhänge schildert. Ich denke da beispielsweise an Thornton Wilders *Der achte Schöpfungstag*, ein spannender, tiefsinniger «Karmaroman», oder auch an Jewgenia Ginsburgs *Gratwanderung*, Erlebnisse und Menschenbegegnungen in den stalinistischen Lagern.[54] Der erste Schritt muss nämlich die Versöhnung des Menschen mit den Lebenstatsachen sein, und dazu gehört ja in erster Linie sein Schicksal. Durch die Enthaltung von Sympathie und Antipathie und das Bemühen, die eigenen Vorstellungen mit den Ereignissen deckungsgleich zu machen, ergibt sich als erster Schritt die «richtige Meinung», die weiter zum richtigen «Standpunkt» im Leben führen kann.[55]

Im christlichen Sinne beginnt der therapeutische Weg mit der «Fußwaschung», dem Eingeständnis, wie viel man im Leben eigentlich dem vermeintlich Negativen und sogenannten Unbedeutenden und Schmerzlichen verdankt. Wie viele andere Menschen haben im Leben mitgeholfen – manchmal auch dadurch, dass sie uns Schmerzen zugefügt haben –, unser physisches und seelisches Dasein zu gestalten. Um von seinem vereinseitigenden Kopf wieder gesund auf die Füße, in die Realität zu kommen, braucht es das Ja zum Staub der Erde, aus dem man sich sonst eher entfernen möchte. Daraus entwickelt sich dann die gesunde Form der Demut. Dann wird vielleicht auch der Sinn einer «Geiselung» verständlich.

Manchmal gipfelt die Antwort des Patienten nach langem Bemühen in der Aussage: «Ich wäre nicht da, wo ich bin, wenn das nicht alles passiert wäre. Eigentlich möchte ich auch das Schlimme gar nicht missen. Es ist so, wenn ich auf mein Leben schaue, als ob eine unsichtbare Hand dies alles gelenkt hätte.» Kann sich zwischen dem Therapeuten und seinem Patienten etwas Schöneres ereignen?

Wie oft wohl bin ich schon gewandelt
auf diesem Erdenball des Leids,
wie oft wohl hab ich umgewandelt
den Stoff, die Form des Erdenkleids?

Wie oft mag ich schon sein gegangen
durch diese Welt, aus dieser Welt,
um ewig wieder anzufangen
von frischem Hoffnungstrieb geschwellt?

Es steigt empor, es sinkt die Welle –
so leben wir auch ohne Ruh;
unmöglich, dass sie aufwärts schnelle
und nicht zurück – dem Grunde zu.

Christian Morgenstern[56]

«Wir gewinnen manchmal mehr von dem, was uns ein Mensch antut, als von dem, worinnen uns ein Mensch fördert. Es würde dem Menschen viel nützen, wenn er solche selbstlose Rückschau auf das Leben öfter hielte, wenn er das Leben durchtränken würde von der aus dieser Selbstschau quellenden Überzeugung: Wie wenig habe ich eigentlich Veranlassung, mich mit mir selbst zu beschäftigen. Wie unendlich reich wird mein Leben, wenn ich den Blick hinschweifen lasse über diese und jene Gestalten, die in mein Leben eingetreten sind. – Dann lösen wir uns gewissermaßen von uns selber los, wenn wir solche selbstlose Rückschau halten. Dann kommen wir von dem furchtbaren Übel unserer Zeit, das so viele Menschen befällt, von dem Brüten über uns selbst hinweg. Und das ist so unendlich notwendig, dass wir von dem Brüten über uns selber loskommen. Wer nur einmal ergriffen ist von solcher Selbstschau, der wird sich selber viel zu uninteressant, als dass er über sein eigenes Leben allzuviel brüten möchte.»[57]

Rudolf Steiner

Erinnern, Vergessen und Verzeihen

Ein sehr häufig anzutreffendes Problem bei der Behandlung depressiver Krankheiten sind die seelischen Verletzungen durch andere Personen und Lebensumstände oder die Selbstvorwürfe wegen eigener begangener Taten («Versündigungen»). Diese Ereignisse, die meist aus der Vergangenheit stammen, haben zu seelischen «Wunden» geführt, die nicht heilen wollen, das heißt weder vergessen noch sich oder einem anderen verziehen werden können. Die Seele ist gewissermaßen von den Vorwürfen und Schuldgefühlen gegen sich oder andere «besetzt» und muss dadurch immer in den Gegensatz zu den momentanen Lebensereignissen und Menschenbegegnungen treten. Daraus resultieren, wie wir schon sahen, eine tief greifende Willenslähmung (Schwermut) und eine seelische Selbstvergiftung, die durch die Fesselung des Ich an das

Gewesene entsteht. Wie kann da Gegenwart gelebt und Zukunft hoffnungsvoll erwartet werden?

Ich selbst habe während meiner ärztlichen Tätigkeit oft das erlebt, was man in der klinischen Medizin als «Kriegerwitwensyndrom» bezeichnet. Man tritt in diesem Falle einem Patienten gegenüber, der in einer meist glücklichen Lebenssituation zum Beispiel plötzlich den Tod eines geliebten Menschen durch Kriegsereignisse oder Ähnliches erleben musste und darüber nicht hinweggekommen ist. Er umgibt sich dann meist mit den Gegenständen des verlorenen Menschen, die manchmal fetischartigen Charakter annehmen können, und baut sich somit ein «Erinnerungsgefängnis». Kommt man auf das oft Jahrzehnte zurückliegende Problem zu sprechen, so treten meist sofort Tränen in die Augen. Der Mensch lebt zwar äußerlich in der Gegenwart, hat sich aber innerlich vom Hier und Jetzt abgekoppelt und ist noch der Zeit verhaftet, als er mit dem verlorenen Menschen (manchmal auch nur scheinbar) glücklich war. Natürlich kann es auch umgekehrt sein, dass man von dem vergangenen Unglück nicht loskommt.

Die Zeit steht im Inneren gewissermaßen still. Der Volksmund sagt dann ganz richtig: «Dieser Mensch hat das Problem noch nicht *verdaut*», eine körperlich-seelische Tatsache, auf die wir später noch zurückkommen werden. Wir können also sagen: Diese Menschen haben in ihrem Leben etwas seelisch «schlucken» bzw. «essen» müssen, was sie nicht «vergessen», das heißt innerlich «verdauen» konnten und was ihnen immer noch «im Magen liegt». Man könnte in diesem Zusammenhang von einem seelischen Mineralisierungsprozess sprechen. Kein Wunder, dass etwas Neues an seelischer «Nahrung» nicht hereinkann und sich dadurch auch gravierende Entwicklungsprobleme ergeben.

Auf der anderen Seite gibt es Menschen, die immer wieder seelische Probleme haben, die zwar aus der Vergangenheit stammen, an die sie sich aber nicht erinnern können, die wie durch ihre Seele «durchgefallen» sind. Sie werden zwar permanent aus ihrem organischen und seelischen Unbewussten her irritiert, aber das Ich kann nicht den Bezug zwischen dem Gewesenen und dem Momentanen herstellen. Hier setzt u.a. die Analyse mit ihrem «Kampf um die Erinnerung» an, um durch Bewusstseinstätigkeit die dunkle Vergangenheit so aufzuhellen, dass sie sich mit der Gegenwart versöhnen kann und Zukunft wieder möglich ist. Wir könnten dies als einen zu starken «Verflüssigungsprozess» im Seelenleben bezeichnen.

Wir sehen also, dass unser Seelenleben in zwei Kategorien zerfällt: in eine Bewusstseinsart, wo wir die Summe unserer Erlebnisse mit unserem Ich verbinden oder auch loslassen und nach Bedarf wieder hervorholen können, und in eine Art des Unbewussten, wo ein großer Teil der vergessenen Eindrücke sitzt, die nach geisteswissenschaftlicher Anschauung weit über unser jetziges Erdenleben hinausreichen. Manches können bzw. müssen wir sogar erinnern, um eine Kontinuität unserer Person zu haben; bei vielem ist es segensreich, dass wir es vergessen können, sonst würden wir ja an seelischer Überladung ersticken. Erinnern und Vergessen bergen also Balsam und Gift zugleich: denn beides, im Unter- oder Übermaß vollzogen, kann die Seele krank machen. Ein gesundes Ich, als das aktive Element im Seelenleben, reguliert meist aus einem gesunden «Verdauungsinstinkt» heraus die Dinge von allein und schafft so das tägliche Weben von Erinnern und Vergessen.

Wir können nun auch verstehen, warum Eindrücke in den früheren Jahren unseres Lebens, wenn sie noch nicht vom bewussten Ich «abgefangen» werden können, ganz anders und viel tiefer auf unser unterbewusstes Seelisches und Organisches einwirken als später. Im frühen Kindheitsalter «konsumieren wir gewissermaßen die Eindrücke bis in unsere Organe hinein» (Rudolf Steiner), weil das bewusste Ich ihnen keinen Widerstand entgegensetzen kann. Diese positiven, aber auch negativen Eindrücke führen dann ein eigenes Leben in den Seelentiefen und können zu einem gesunden, aber auch kranken Gemütsboden führen. Viele der späteren Verstimmungszustände und organischen Missempfindungen stammen aus der frühen Kindheit. Das ist dann die eigentliche Ursache von sogenannten psychovegetativen, neurotischen, nervösen, angstbesetzten, hysterischen etc. Krankheiten, die rein aus den ungesunden Umwelt- und Erziehungsbedingungen stammen, also rein irdisch erzeugt sind.

Eine Bewusstwerdung ist dann wie eine Entgiftung bzw. Versöhnung mit dem bewussten Ich, das die Erlebnisse nachträglich bearbeiten muss, um nicht weiter in den Gegensatz zur Vergangenheit zu treten und Schuldige außerhalb suchen zu müssen.

Es muss an dieser Stelle natürlich gefragt werden, mit welchen Methoden man ins Unterbewusste eingreift, und auch, ob diese Problematik nur nach dem naturwissenschaftlich orientierten Ursache-Wirkung-Prinzip, dem rationalen Kausalitätsprinzip, zu verstehen ist.

Eine starke Willens- und damit Zukunftsintention des Ich ist nötig, um nach der Bewusstmachung des Gewesenen das gehobene «Material» für ein neues Lebensschiff zu benutzen oder es nun bewusst zu vergessen.

Menschen, die etwas von Wiedergeburt und Schicksal (Reinkarnation und Karma) gehört und gelesen haben, sind allzu leicht geneigt, sich selbst oder anderen Betroffenen mit einem sehr einseitigen Schicksalsbegriff zu antworten: «Das alles hast du in der Vergangenheit selbst verschuldet, und nun musst du allein damit fertig werden.» Im Prinzip ist es richtig, dass man mit dem Gegebenen selbst fertig werden muss, aber es können auch Dinge unverschuldet auf tragische Art entstehen, die nicht aus der

Vergangenheit stammen, aber für ein zukünftiges Schicksal bestimmend sind. Auf der Erde, dem Ort der Freiheit, können eben «zufällige» Dinge passieren, die durch eine andere Erziehung, ein anderes Sozialleben, durch Liebe, Mitleid, Verzeihen usw. verhindert worden wären. Rudolf Steiner hat einmal auf die Frage «Gibt es einen Zufall?» folgendermaßen geantwortet: «In der physischen Welt von ‹Zufall› zu sprechen ist gewiss nicht unberechtigt. Und so unbedingt der Satz gilt: ‹Es gibt keinen Zufall›, wenn man *alle* Welten in Betracht zieht, so unberechtigt wäre es, das Wort ‹Zufall› auszumerzen, wenn bloß von der Verkettung der Dinge in der physischen Welt die Rede ist. Der Zufall in der physischen Welt wird nämlich dadurch herbeigeführt, dass sich die Dinge in dieser Welt *im sinnlichen Raume* abspielen. Sie müssen, insofern sie sich in diesem Raume abspielen, auch den Gesetzen *dieses* Raumes gehorchen. In diesem Raum aber können *äußerlich* Dinge zusammentreffen, die zunächst *innerlich* nichts miteinander zu tun haben. Sowenig mein Gesicht wirklich verzerrt ist, weil es sich in einem unebenen Spiegel verzerrt zeigt, sowenig brauchen die Ursachen, die einen Ziegelstein vom Dache fallen lassen, der mich beschädigt, mit meinem Karma, das aus meiner Vergangenheit stammt, etwas zu tun zu haben … Im Leben eines jeden Menschen treten fortwährend Ereignisse auf, die mit seinem Verdienst oder seiner Schuld in der Vergangenheit durchaus nichts zu tun haben.

Solche Ereignisse finden ihren karmischen Ausgleich eben in der *Zukunft*.

Was mir heute unverschuldet zustößt, dafür werde ich in der Zukunft entschädigt. Das eine ist richtig: Nichts bleibt ohne karmischen Ausgleich …»[58]

Um etwas mehr vom eigentlichen Wesen des Bewusstseins und Unterbewusstseins, der Erinnerungsfähigkeit und des Vergessens zu verstehen, das heißt um diese Dinge «leibhaftig» zu machen, müssen wir uns unser Seelenleben einmal genauer anschauen. Wir treten ja gewöhnlich durch unsere Sinne der Außenwelt gegenüber, die wir in uns hineinnehmen, das heißt seelisch «essen», und die wir dann zu individuellen Vorstellungen verarbeiten, in uns integrieren, das heißt «verdauen», uns Teile zu eigen machen und unbrauchbare Dinge «ausscheiden», das heißt vergessen Wie die äußere Erdenwelt unsere physischen Ausscheidungen auffängt, so sammelt unsere unbewusste Innenwelt das Vergessene, das dann nicht einfach herumliegt, sondern weiter «verkompostiert» wird, das heißt eigene Lebensprozesse entfaltet. Ein ganzer Kosmos tut sich auf, wenn wir vom «Vergessen» sprechen: Dinge, die wir wieder leicht erinnern, auf alle Ewigkeit erinnern, nur blass mit größter Mühe, die spontan hochkommen etc.

Tatsache ist, dass ein Strom von außen, von der klaren Sinneswelt, in unser Inneres geht und durch die Vorstellung eine Antwort von innen heraus entsteht. Diese sich bildende, das heißt die Welt abbildende Vorstellung ist blasser und abstrakter als jede Sinneswahrnehmung, kann aber dadurch verallgemeinert und anderen mitgeteilt werden.

Hier fängt schon ein hochbrisantes psychopathologisches Problem an, das bei der Erinnerung noch verstärkter auftreten kann: Entspricht meine Vorstellung den äußeren Tatsachen? Gibt es nicht auch Vorstellungen, die man sich nur einbildet, die nur noch wenig mit der Wirklichkeit übereinstimmen? Man merkt daran, was für eine Ich-Aktivität nötig ist, um seine Vorstellungen mit der Wahrnehmung deckungsgleich zu machen. Aus diesem Bruch, den wir ja normalerweise als «Illusion» bezeichnen, resultieren sehr viele seelische und soziale Probleme.

Weiter nach innen geht es dann mit den Erinnerungen (interessanterweise haben sie in sehr vielen Sprachen etwas mit dem Herzen zu tun; so zum Beispiel englisch «to learn by heart» = auswendig lernen oder französisch «apprendre par cœur»), die im Innern bleiben, auch wenn der äußere Gegenstand schon lange fort ist. Sie führen oft ihr eigenes Leben, haben ihre eigene Realität und können sich im Lauf des Lebens wandeln. Die Lebenskräfte des Unbewussten nehmen oft und Gott sei Dank der Erinnerung das seelische Kleid, besonders wenn es schmerzliche Erlebnisse waren. Dann bleibt nur noch ein Tatsachengerüst übrig. Das muss natürlich nicht so sein, wie wir schon sahen, wenn die Erinnerung und das starke

Gefühlserlebnis wie ein Pfeil in der Seele stecken bleiben. In der französischen Sprache gebraucht man für das reine Tatsachengedächtnis das Wort «mémoire», für das mehr affektive Gedächtnis das Wort «souvenir». Daran sieht man, dass die Erinnerungsfähigkeit nicht nur mit dem rein Zeitlichen zu tun hat, sondern auch damit, wie tief uns etwas seelisch getroffen hat. Es liegt an der Stärke, der «Verdauungskraft» des Ich, auch das Schlimme der weiteren Bearbeitung, dem Unbewussten zu übergeben und es dann zu «neutralisieren».

Die Frage ist nun: Wie kann man das Ich nachträglich stärken, um die seelischen Verdauungsprozesse anzuregen, damit auch Negatives und Belastendes ausgeschieden werden kann?

Man kann in der Psychotherapie das Gleiche machen, was man auch auf der organischen Ebene anstrebt, wenn etwas nicht ordentlich verdaut werden kann oder ein Ekel vor einer Speise besteht. Man wird dann:

1. eine Beziehung, eine Identifikation mit dem Aufgenommenen herzustellen versuchen, damit

2. das Aufgenommene verdaut werden, das heißt analysiert werden kann;

3. das zu Verdauende nach dem Verwendbaren, dem Bedeutungsvollen, und dem Auszuscheidenden, das heißt Unbedeutenden, differenzieren, aber auch das Verletzende, Giftige bearbeiten und damit zu entgiften suchen;

4. den seelischen Appetit und auch die Lust auf Neues stimulieren, damit der Mensch wieder einen «Biss» im Leben bekommt.

Somit werden dann Erinnern und Vergessen zu einer aktiven Betätigung unseres Ich. Überwiegt aber das Giftige und damit Negative zu stark oder ist es sogar vorsätzlich an den Menschen herangetragen worden, so muss die Aktivität der Seele noch gesteigert werden. Aus dem «normalen» Vergessen wird dann eine Fähigkeit, die mit starken moralischen Kräften zu tun hat: das Vergeben, das Verzeihen, das ja mit dem Verzichten identisch ist.

Es ist eine wesentliche Fähigkeit unseres Ich, sich über das Gewesene zu erheben und aus dem alten Schicksal etwas ganz Neues zu gestalten. Der Mensch wird somit vom bloßen Geschöpf zum Schöpfer und Mitgestalter seines Lebens.

Wir können also festhalten, dass die Erinnerung nicht etwas ist, was wie eine ewige Seelenmumie in einer Gehirnkammer einbalsamiert liegt und je nach Bedarf von der Seele abgerufen wird oder sich automatisch meldet, sondern sie ist eine aktive Leistung unseres Wesens, die mal mehr oder mal weniger gelingt. Der Leib kann dabei wie ein Spiegel erlebt werden, in den sich die Spuren der Erinnerung eingraben, die die Seele dann zu Erinnerungsbildern zusammensetzt.

Spätestens seit der Schilderung des französischen Schriftstellers Marcel Proust in seinem Werk *Auf der Suche nach der verlorenen Zeit* wissen wir, wie stark Erinnerungen mit Geruch, Geschmack und Bewegungen zu tun haben – also mit rein leiblichen Tätigkeiten. Proust beschreibt, wie durch den Geschmack und Geruch einer Tasse Tee und eines bestimmten Gebäcks längst versunkene Jugenderinnerungen aus seiner Seele Stück für Stück wieder auftauchten. «Und wie in den Spielen, bei denen die Japaner in eine mit Wasser gefüllte Porzellanschale kleine, zunächst ganz unscheinbare Papierstückchen werfen, die, sobald sie sich vollgesogen haben, auseinandergehen, sich winden, Farbe annehmen und deutliche Einzelheiten aufweisen, zu Blumen, Häusern, zusammenhängenden und erkennbaren Figuren werden, ebenso stiegen jetzt alle Blumen unseres Gartens und die aus dem Park von Monsieur Swann, die Seerosen auf der Vivonne, die Leutchen aus dem Dorfe und ihre kleinen Häuser und die Kirche und ganz Combray und seine Umgebung, alles deutlich und greifbar, die Stadt und die Gärten auf aus meiner Tasse Tee …»[59]

Wie es für die Seele eine schwere Beeinträchtigung darstellt, sich trotz Anstrengung nicht erinnern zu können, ebenso krankmachend ist es, nicht vergessen zu können. Es ist so, wie wenn man vor Jahren etwas gegessen hat, was einem immer noch unverdaut im Magen liegt. Kein Wunder, dass Neues nicht mehr hineinkommen kann und das Seelenleben vermodert. Wie wir schon zuvor sahen, ist damit die ganze seelische Entwicklung erschwert, wenn nicht gar verunmöglicht. Menschen, die nicht vergessen oder verzeihen können oder wollen, bezeichnen wir ja auch oft als nachtragende Charaktere.

«Es zehrt an der Gesundheit eines Menschen, wenn wir nachträgerisch sind. Wenn uns jemand einen Schaden zugefügt hat und wir den Eindruck dessen, was er uns getan hat, in uns aufgenommen haben und immer wieder darauf zurückkommen, sobald wir ihn sehen, dann beziehen wir diese Vorstellung des Schadens auf den Menschen, wir lassen sie dann nach außen strömen. Nehmen wir aber an, wir hätten es dahin gebracht, dem Menschen, der uns einen Schaden zugefügt hat, so die Hand zu drücken, wenn wir ihm wieder begegnen, als ob nichts geschehen wäre: dann ist das in Wahrheit heilsam. Und es ist kein Bild, sondern eine Tatsache, dass es heilsam wirkt. Eine solche Vorstellung, die sich als stumpf und unwirksam nach außen erweist, wenn uns ein Mensch etwas getan hat, die ergießt sich in demselben Augenblick nach innen wie lindernder Balsam für gar mancherlei, was im Menschen ist. Diese Dinge sind Tatsachen, und daraus können wir in einem noch weiteren Sinne den Segen des Vergessens sehen. Das Vergessen ist kein bloßer Mangel für den Menschen, sondern etwas, was zu den wohltuendsten Dingen im Menschenleben gehört … Dass er entwicklungsfähig wird, das verdankt er dem Vergessen.»[60]

Wir hatten zuvor gesehen, dass es eine stärkere Willenskraft in der menschlichen Seele gibt als das Vergessen – das ist das Verzeihen, das Verzichten auf Rache und Wiedergutmachung. Wir spüren unmittelbar, dass die Fähigkeit des Verzeihens eine Tugend ist, die mit den höchsten moralischen Kräften der Selbstlosigkeit in uns zusammenhängt. Es geht hier also nicht mehr um das alttestamentarische «Auge um Auge, Zahn um Zahn», sondern um das christliche Element der «Sündenvergebung». In unserem Wesen existieren ja immer gleichzeitig niedere und höhere Kräfte. Das Alltags-Ich erlebt durch Gefühle wie Rache und Rechthaberei zunächst eine gewisse Stärkung, dagegen durch Vergebung eine Ohnmacht und Schwäche. Nun kann man aber auch die Erfahrung machen, dass, wenn negative Gefühle durch eine moralische Anstrengung bewusst gemacht und in positive umgewandelt werden, dem Menschen dann Stärkungskräfte aus seinem höheren Wesen zufließen. Der Mensch hat dann das Niedere (sein Seelengift) in sich überwunden und in etwas Heilsames verwandelt. Beginnt man mit dem Verzeihen, so gibt man dem anderen die Möglichkeit, besser zu werden, man erhöht nämlich dessen vorher gelähmte Ich-Kraft und erlöst damit seine Schuld. Goethe hat von diesem Vorgang gewusst, wenn er schreibt: «Von der Gewalt, die alle Wesen bindet, befreit der Mensch sich, der sich überwindet.»

Das echte Verzeihen setzt aber eine intensive Beschäftigung mit dem Problem und dem Menschen voraus. Denn erst aus dem Bemühen um ein tieferes Verständnis, zum Beispiel der inneren Beziehung des Opfers zum Täter, kann echte Vergebung erwachsen. In einem gesellschaftlichen Fragespiel hat Rudolf Steiner auf die Frage «Welche Fehler würdest du am ehesten verzeihen?» geantwortet: «Alle, wenn ich sie verstanden hätte.»

Oft kann man in ehetherapeutischen Gesprächen erfahren, dass der betroffene Partner eine andere Haltung einzunehmen beginnt, wenn man mit ihm zusammen die Biografie des «Täters» durchleuchtet, sodass der Betroffene sogar Mitleid bekommen und ihm verzeihen kann.

Aus dem vertieften Verständnis der Person des anderen, zum Beispiel seiner Jugenderlebnisse, können Empfindungen erwachsen, dass der, den man für den eigentlichen Täter hält, auch nur Opfer ist. Natürlich kann man über solche Dinge leichter reden, als sie auch tun. Hat man aber Fehler wirklich eingesehen, so nützen Reue und Selbstmitleid wenig, sondern nur der Wille, es in Zukunft besser zu machen. Oft knüpfen sich dann in der Sprechstunde weiterführende Gespräche an, die sich um das Wesen von Sünde, Schuld, Sündenvergebung und Gnade drehen. Wir können persönlich einem Menschen zwar vergeben und Schuld zum Teil äußerlich wettmachen, aber die schlimme Tat hat ja auch im Weltganzen etwas verändert, ist sozusagen «objektiv» geworden. Wer vergibt uns diese Schuld?

In einer russischen Legende wird erzählt, dass der Sohn eines Bauern in die Welt zieht und dort eine Unzahl schlimmer Taten begeht, für die der Vater jedes Mal einen Nagel in die Türe schlägt. Betroffen sieht der Sohn, als er wieder nach Hause kommt, was er angerichtet hat, und er zieht wieder in die Welt, um seine Untaten gutzumachen. Dies gelingt ihm auch, und der Vater zieht für jede wiedergutgemachte Tat einen Nagel aus der Türe. Die Nägel sind dann heraus, aber – die Löcher bleiben.

Im Christentum ist man sich darüber klar, dass es eine heilende Kraft geben muss und auch gegeben hat, die die objektiven Sünden der Welt auf sich nimmt. Menschen können sich durch diese Gedanken aus der Seelenlähmung, die die Schuld ja oft mit sich bringt, befreien, ohne sich der persönlichen Verantwortung zu entziehen. In umfänglicher und tief spiritueller Weise ist diese Problematik, die ja auch die Sünden in unserem Jahrhundert betrifft, von Sergej O. Prokofieff in seinem Buch *Die okkulte Bedeutung des Verzeihens*[61] dargestellt worden.

Wie sehr die Arbeit am inneren Menschen, wie sehr also Gedanken und Gefühle auch verfahrene äußere Situationen positiv oder negativ beeinflussen können, sollen zum Schluss zwei Geschehnisse aus dem Umkreis Rudolf Steiners beleuchten.

«Damals hielt sich eine junge Frau in Dornach auf, welche in schwerem Zerwürfnis mit ihrem Manne stand und sich von ihm scheiden lassen wollte. Rudolf Steiner nahm sich ihrer in unendlicher Güte und Geduld an. Allmählich klärte sie sich innerlich und schrieb ihrem Mann, dass sie zu ihm zurückkehren wolle. Nun aber lehnte dieser ab in einem kühlen, unzugänglichen Tone. Verzweifelt kam sie mit dem Brief zu Rudolf Steiner. ‹Ja›, sagte dieser, ‹sehen Sie, das ist eben nun die Antwort auf alle Ihre anklagenden, bösen, unguten Briefe, die Sie an ihn geschrieben haben.› ‹Aber Herr Doktor›, rief sie, ‹ich habe ja keinen davon abgeschickt. Ich habe sie ja immer vernichtet. Ich habe mir ja im Schreiben nur Luft machen wollen.›

‹Ja›, antwortete Rudolf Steiner, ‹aber seine Seele hat sie alle empfangen …›

In einem anderen Fall, wo Verbohrtheit und Trotz auf der einen Seite vorlagen, riet er, abends in Gedanken diesem anderen gut zuzusprechen, seine verbogenen Ansichten zurechtzuschieben, ihn zu beruhigen. Es werde helfen. Und nach einigen Monaten half es.»[62]

«... der Mensch ist vielmehr ein, auch im tieferen Sinne genommen, sozialeres Wesen, als man gewöhnlich meint. Und insbesondere lassen sich eigentlich psychische Erkrankungen in den seltensten Fällen bloß beurteilen nach, sagen wir, der Biografie des einzelnen, isolierten Individuums.»[63]

Rudolf Steiner

Die Depression im Spiegel der seelischen Not der Gegenwart

Die umwälzenden Ereignisse des 19. und 20. Jahrhunderts, die an der Schwelle zum nächsten Jahrtausend kulminierten, sind gekennzeichnet durch Identitätsverlust, gesellschaftlich-ökonomische Krisen, die «Umwertung aller Werte» (Nietzsche), das «Ende der Illusion» und die Konfrontation mit dem Bösen. «… und er ergriff den Drachen, die Schlange des Urbeginns, die vereinigte diabolische und satanische Macht, und schlug ihn auf tausend Jahre in Fesseln und stürzte ihn in den Abgrund, den er über ihm verschloss und versiegelte, damit er fortan die Erdenmenschen nicht irreleite, bis die tausend Jahre vollendet wären. Danach soll er für eine kurze Zeit von seinen Fesseln ledig sein … Und wenn die tausend Jahre vollendet sind, wird die satanische

Macht aus ihrem Kerker frei, und sie wird hervortreten als Verführer der Völker an allen vier Ecken der Erde.»[64]

Dieses Dinge sind ganz anders zu ertragen, wenn man in ihnen einen tieferen Sinnzusammenhang sieht und nicht nur diagnostiziert, sondern auch lebensgerechte therapeutische Ansätze entwickeln lernt. Mit traditionellen Ideen sind die brennenden Fragen der Gegenwart jedenfalls nicht mehr zu lösen.

Die Menschen spüren in sich immer mehr den Bruch zwischen innen und außen und auch den Abgrund, der sich manchmal auftut und Kräfte von sinnloser Zerstörung, Menschenhass und Gewalt entfesselt. Der Mensch beginnt zum ersten Mal in der Geschichte, Angst vor sich selbst zu haben.

Weltuntergangsstimmung wie gegen das Ende des ersten Jahrtausends tritt auf, die meistens mit Flucht oder Sucht beantwortet wird. Die Seele selbst wird der Kampfplatz, auf welchem dem Ich sein «Hausrecht» streitig gemacht werden soll.

Am Anfang des Ersten Weltkriegs, als die alten Ordnungen langsam, aber kaum sichtbar zerfielen, hat sich Rudolf Steiner in einem privaten Gespräch über die sozialen und seelischen Folgen dieser Ereignisse für die Zukunft geäußert: «Wenn das vorüber sein wird, was man Krieg nennt – ja, dann wird es so sein, dass alles Konventionelle versagt; dass alle Tünche von den Lebensverhältnissen abfällt. Die Menschheit ist in ein Stadium ihrer Entwicklung eingetreten, wo die Lüge und das Böse sichtbar werden müssen. Es ist alles schon da: das Böse, Grauenhafte, das Verlogene, der Verfall – es ist alles da, aber es ist noch übertüncht. Und es *muss* offenbar werden. Das wird sich in den Lebensverhältnissen des Einzelnen zeigen – in den Ehen, den Familien, den Freundschaften und vor allem in den Feindschaften – wie im Gesamtleben der Völker, der Staaten. Es wird für gewisse Dinge keine Hemmungen mehr geben. Durchstehen, ohne seelisch zugrunde zu gehen, ohne seelisch Schaden zu nehmen, werden alles das, was kommt, nur die Menschen, welche draußen und vor allem *im eigenen Inneren* das Wesentliche vom Unwesentlichen unterscheiden können. Das ist sehr schwer. Sehr schwer … Das erfordert unablässige, mühevolle Übung. Denn hier liegt die furchtbarste Verführung. Die Menschheit wird den Kampf gegen die Lüge zu führen haben …»[65]

In heutigen Untersuchungen, zum Beispiel durch die *Gesellschaft für systemische Psychologie* in Oldenburg, wurden die seelischen Folgen dieser kulturellen Zusammenbrüche und ihre psychische Wirkung auf die nachfolgenden Generationen voll bestätigt.[66] So wurde festgestellt, dass eine gravierende «gefühlsmäßige Unterernährung» besonders bei den an den Kriegen beteiligten Völkern vorliegt und dass statt «Hoffnung, Vertrauen und Liebe» das geistige

Erbe für die folgenden Generationen häufig Verzweiflung, Hilf- und Sprachlosigkeit, Vereinsamung etc. ist. Die großen gesellschaftlichen Umwälzungen, bei denen die Seele mit ihren normalen Empfindungen nicht mehr mitkommt, haben als Folge ein «riesiges Ausmaß an emotionalen Mangelerscheinungen» hinterlassen, sodass ein immer größeres Vakuum entsteht, das man mit immer mehr Wohlstandsgütern zuzukleistern versucht.

Diese daraus erwachsene innere Not der Gegenwart kann aber nun im Menschen neue individuelle und soziale Fähigkeiten wachrufen und Seelenkräfte entbinden, die Rudolf Steiner die «Bewusstseinsseele» genannt hat. Diese gebiert sich nur in der direkten Konfrontation des Einzelnen mit den Wirkungen der sinnlichen Welt und ihren bis ins leibliche gehenden Kränkungen und geht, wie jede Geburt, durch Krisen und Prüfungen. Wir sind dadurch erst einmal als Menschen des 20. und 21. Jahrhunderts die «Enterbten des Leibes und der Seele». Die alten Gemeinschaften, die Blutsbande zerbrechen – Auseinandersetzung und Streit sind somit an der Tagesordnung. Ein großer «Abschleifungsprozess» zwischen den Menschen beginnt, der ihnen bewusst machen soll, ob und wie sie etwas miteinander zu tun haben. Da das Ich nun hüllenlos wird, sucht es sich verständlicherweise immer wieder die alten traditionellen Gruppenstrukturen, die es aber entweder entindividualisieren oder wieder auf sich selbst zurückwerfen. Enorme Kräfte von außen zerren den Menschen hin und her und lenken ihn dauernd von sich selbst ab. «Wie Epidemien kann über ganze Menschenmassen diese Sucht hereinbrechen, sich zu betäuben in dem, was außerhalb ergriffen wird, weil man in seinem Ich nicht bleiben will … Die Festigung dieses Ich, die innere Sicherung und Durchkraftung des Ich erlangen wir, wenn wir hervorholen, was das Ich unsicher macht. Und unsicher macht es die in den dunklen Regionen der Seele unten bleibende Erkenntnis der geistigen Welt, die da unten ruht und sich wie ein schaukelnder Kahn gestaltet, solange sie unten in den Tiefen der Seele ist, die aber Sicherheit im Leben gibt, wenn sie gleichsam an einen anderen Ort – in das Bewusstsein – heraufgeholt wird.»[67]

Es ist kein Wunder, dass sich diese Ereignisse, die sich im Menschen und in der Welt erst einmal unterschwellig, aber objektiv ereignen, in manchen Seelen als Depression widerspiegeln. Man muss sich auf der anderen Seite auch fragen, ob nicht in den Menschen gleichzeitig genauso die Lichtkräfte des Geistes wirken, die erst aus innerer Aktivität und nicht mehr «natürlich» erkannt werden und erst dann zu einem geistgemäßen sozialen Milieu führen können.

Die Voraussetzung aber dafür ist erst einmal echtes Menscheninteresse, Lebensstudium und der Wille zur «Lebenskunde».[68]

Der Depressive und seine Umgebung

Es ist bekannt, dass der depressive Mensch seine Umgebung einerseits schwer belastet und andererseits auch in ihr permanente berechtigte oder unberechtigte Schuldgefühle hervorruft. «Was haben wir falsch gemacht?», hört man oft aus der unmittelbaren Umgebung des Erkrankten.

Es kann aber auch sein, dass man sich nur auf den Kranken fixiert und dabei seine eigene Rolle im Leben des Betroffenen vergisst. Wir wissen ja heute aus den Forschungen der Familientherapie, dass manche Kranke «stellvertretend» die Krankheit des näheren oder entfernteren Milieus widerspiegeln, sodass man oft den Falschen behandelt. Das heißt, die Umgebung muss in diesem Falle willig und offen dafür sein, therapeutische Schritte mitzumachen und nicht einzig und allein beim Kranken den Ursprung der Krankheit zu sehen. Der Kranke hat damit auch die Aufgabe als «Opfer», latente oder verdrängte Krankheiten im Milieu offenbar zu machen und Menschen wieder zu ernstzunehmenden Dialogen und zur Offenheit für ihre Umgebung anzuregen. Dies alles muss natürlich mithilfe einer erfahrenen Drittperson begleitet werden und kann hier nur angedeutet werden.

Das Beschriebene bedeutet aber nicht, dass die Familienumgebung in lähmende Schuld verfallen soll, sondern es muss immer gefragt werden: Wo ist die Mitbeteiligung bei der Entstehung oder der Verschlimmerung der Depression? Manchmal findet man auch in der Familie oder im Arbeitsumfeld eine bewusste oder unbewusste Ausgrenzung des Betreffenden, der dann als «Sündenbock» fungiert und «Opfer» wird für die Probleme der Umgebung. In der heutigen Sozialpsychologie nennt man die Zusammenrottung von Menschen, die dann ihr Opfer fertigzumachen versuchen, «Mobbing» (von engl. «mob» = Meute).

Ist aber die unmittelbare Umgebung nicht in dem starken Maße Verursacher der Problematik, so muss sie sich fragen, was sie neben der medikamentösen und psychologischen Therapie für gesundende Elemente entwickeln kann.

Die soziale «Wärmehülle»

Eine der wesentlichen Tugenden für die Begleitung eines Kranken durch die innere Nacht ist die Geduld und uneitle Selbstlosigkeit, die nicht immer gleich Resultate sehen möchte. Also: Erwarten Sie nicht sofort eine Gegenleistung für ihre Bemühungen. Denn tatsächlich muss oft erst einmal eine Zeit vergehen, bis es wieder «Tag» wird. Es liegt jetzt vornehmlich an der Umgebung, den Verlust von Hoffnung, Vertrauen, Glaube etc. stellvertretend dem Kranken von außen zu spiegeln, da er von innen nicht in der Lage dazu ist. Diese Aktivierung muss in kleinen Schritten passieren, behutsam, aber konsequent. Man sollte sich immer vor Augen halten, dass der Depressive nicht *unwillig*, sondern *unfähig* ist. Alle Formen von moralischen Appellen, oberflächlicher Ablenkung, von Überredungsversuchen etc. sind schädlich. Man muss ihn im buchstäblichen Sinne des Wortes «ernst» nehmen.

Die innere und äußere Stetigkeit ist ein wesentliches Heilmittel und schützt den Patenten letztlich vor der Selbstaufgabe. «Selbstmord, das ist die Abwesenheit der anderen». Obwohl der depressive Patient jeden Kontakt von sich fern hält, braucht er ihn dringend, aber aus echter und nicht gespielter Anteilnahme.

«Es sei noch einmal betont: Der depressive Patient trägt selbst zu seiner Vereinsamung bei. In jedem Falle sollte man Ablehnung von seiner Seite niemals ernst nehmen. Auch wenn er jeden Kontakt zurückweist, leidet er doch darunter, wenn man gar nicht erst versucht, ihm Kontakt anzubieten. Selbst im dunkelsten Stadium meiner Psychose registrierte ich es doch genau, wenn Frau, Tochter, Freunde und Pflegepersonal wirklich Anteilnahme zeigten, und für Augenblicke dämmerte dann die Erkenntnis: Echte Anteilnahme kann es in der Hölle (in der ich mich jetzt zu befinden glaube) gar nicht geben.»[69]

Lauscht man wirklich auf das verschüttete Innere eines Menschen, auch wenn dies manchmal noch so absurd und unverständlich erscheint, so leistet man einen wesentlichen Beitrag zur seelischen Entgiftung des Kranken, der ja oft an dem inneren Verstummenmüssen zu ersticken droht. Man sieht daran, dass es häufig Krankheiten sind, die im einzelnen Menschen und in anderen doch Fähigkeiten zum Wachsen bringen, die vorher verdorrt waren. Somit wird der Mensch, der dies uneitel und mit warmem Interesse vollzieht, selbst wieder zum Heilmittel, das auf die ganze Umgebung ausstrahlen kann.

Richtig zuhören heißt ja in das Wesen des anderen eintauchen und das Leiden des anderen anerkennen. «In ihrem letzten Wesen ist die Schwermut Sehnsucht nach Liebe. Nach Liebe in all ihren Formen und in all ihren Stufen; von der elementarsten Sinnlichkeit bis zur höchsten Stufe des Geistes.»[70]

«Die Beschreibung vieler Patienten, ‹wie in einen Abgrund zu fallen›, spiegelt diese Schwellensituation wieder. Zur Heilung gehört, in diesen inneren Abgrund zu schauen! Die ‹Versuchung des Heiligen Antonius› des Isenheimer Altares kann in der Therapie den Patienten gezeigt werden, um ihnen durch ein objektives Bild ihr subjektives Erleben zu bestätigen. Dieses Erlebnis der ‹Universalität des Leides› entlastet die Patienten, da sie sich nicht allein fühlen mit ihrer Schwäche und ihrer ‹Schuld› – ein wichtiger Beitrag zur Entängstigung und Ermutigung!»[71]

Eckhard Roediger

Die «fruchtbare Resignation» –
Die Krise in der Mitte des Lebens

Die Lebenszeit

(Märchen der Gebrüder Grimm)

Als Gott die Welt geschaffen hatte und allen Kreaturen ihre Lebenszeit bestimmen wollte, kam der Esel und fragte: «Herr, wie lange soll ich leben?» – «Dreißig Jahre», antwortete Gott, «ist dir das recht?» – «Ach, Herr», erwiderte der Esel, «das ist eine lange Zeit. Bedenke mein mühseliges Dasein: von Morgen bis in die Nacht schwere Lasten zu tragen, Kornsäcke in die Mühle schleppen, damit andere das Brot essen, mit nichts als mit Schlägen und Fußtritten ermuntert und aufgefrischt zu werden! Erlass mir einen Teil der langen Zeit!» Da erbarmte sich Gott und schenkte ihm achtzehn Jahre. Der Esel ging getröstet weg, und der Hund erschien. «Wie lange willst du leben?», sprach Gott zu ihm, «dem Esel sind dreißig Jahre zu viel, du aber wirst damit zufrieden sein.» – «Herr», antwortete der Hund, «ist das dein Wille? Bedenke, was ich laufen muss, das halten meine Füße so lange nicht aus; und habe ich erst die Stimme zum Bellen verloren und die Zähne zum Beißen, was bleibt mir übrig, als aus einer Ecke in die andere zu laufen und zu knurren?» Gott sah, dass er recht hatte, und erließ ihm zwölf Jahre. Darauf kam der Affe. «Du willst wohl gerne dreißig Jahre leben?», sprach der Herr zu ihm. «Du brauchst nicht zu arbeiten wie der Esel und der Hund und bist immer guter Dinge.» – «Ach, Herr», antwortete er, «das sieht so aus, ist aber anders. Wenn's Hirsebrei regnet, habe ich keinen Löffel. Ich soll immer lustige Streiche machen, Gesichter schneiden, damit die Leute lachen, und wenn sie mir einen Apfel reichen und ich beiße hinein, so ist er sauer. Wie oft steckt die Traurigkeit hinter dem Spaß! Dreißig Jahre halte ich das nicht aus.» Gott war gnädig und schenkte ihm zehn Jahre.

Endlich erschien der Mensch, war freudig, gesund und frisch und bat Gott, ihm seine Zeit zu bestimmen. «Dreißig Jahre sollst du leben», sprach der Herr, «ist dir das genug?» – «Welch eine kurze Zeit!», rief der Mensch. «Wenn ich mein Haus gebaut habe und das Feuer auf meinem eigenen Herde brennt; wenn ich Bäume gepflanzt habe, die blühen und Früchte tragen, und ich meines Lebens froh zu werden gedenke, so soll ich sterben! O, Herr, verlängere meine Zeit!» – «Ich will dir die achtzehn Jahre des Esels zulegen», sagte Gott. «Das ist nicht genug», erwiderte der Mensch. «Du sollst auch die zwölf Jahre des Hundes haben.» – «Immer noch zu wenig.» – «Wohlan», sagte Gott, «ich will dir noch die zehn Jahre des Affen geben, aber mehr erhältst du nicht.» Der Mensch ging fort, war aber nicht zufriedengestellt.

Also lebt der Mensch siebenzig Jahr. Die ersten dreißig sind seine menschlichen Jahre, die gehen schnell dahin; da ist er gesund, heiter, arbeitet mit Lust und freut sich seines Daseins. Hierauf folgen die achtzehn Jahre des Esels, da wird ihm eine Last nach der anderen aufgelegt: Er muss das Korn tragen, das andere nährt, und Schläge und Tritte sind der Lohn seiner treuen Dienste. Dann kommen die zwölf Jahre des Hundes, da liegt er in den Ecken, knurrt und hat keine Zähne mehr zum Beißen. Und wenn diese Zeit vorüber ist, so machen die zehn Jahre des Affen den Beschluss. Da ist der Mensch schwachköpfig und närrisch, treibt alberne Dinge und wird ein Spott der Kinder.

Das grimmsche Märchen *Die Lebenszeit* verdeutlicht in humorvoller Form, dass der Mensch etwa bis zum 30. Lebensjahr aus seiner gottgegebenen Natur lebt, dann aber in seiner Entwicklung stehen bleiben kann und damit in Gefahr gerät, Charakterzüge anzunehmen, die er als Tierkarikaturen in sich trägt. Er muss also ab dieser Zeit beginnen, aus seinem höheren Wesen, seinem nicht vererbungsgebundenen Ich, sein Leben zu gestalten und sich selbst zum Sinn des Lebens zu machen. Er wird dadurch zum «Zweimal-Geborenen».

In der anthroposophisch orientierten Biografiearbeit kennt man im Lebenslauf bestimmte rhythmische Gesetze und Spiegelungen, die ein Licht auf manche sonst unverständlichen Ereignisse werfen können.[72] Es soll hier nur für das Thema «Midlife-Crisis» hervorgehoben werden, dass eine der Gesetzmäßigkeiten darin besteht, dass der Mensch ab dem 21. Lebensjahr in seinen nächsten drei Jahrsiebten – also bis etwa 42 Jahre – die vorhergegangenen drei Jahrsiebte seiner Jugendzeit spiegelt (also die Zeit zwischen 21 und 28 ist die Spiegelung der Jahre zwischen 14 und 21, die Zeit von 28 bis 35 die der Zeit von 7 bis 14 usw.). Daraus können sich interessante Einblicke in Krisensituationen ergeben, die gar nicht aus dem Gestern ableitbar sind.

Nachdem der Mensch nun drei Jahrsiebte lang mit seinem Ich die leiblich-seelischen Vererbungshüllen umgearbeitet hat (mit mehr oder weniger Erfolg), tritt das Ich ab 42 Jahren hüllenlos in die Welt und muss sich sein Haus jetzt selbst bauen. Das alte «Baumaterial» taugt nichts mehr, und es kann daher um diese Zeit (mal früher, mal später) zu einer «Versorgungskrise» kommen. Der eigentliche Bauherr, das Ich, muss nun die Materialien selbst herstellen. Das ganze Leben beginnt sich dadurch radikal zu verändern. Das wird oft als Vereinsamung und Isolation empfunden. Das bisher «leibgeschützte» Ich fällt durch den zusätzlich einsetzenden biologischen Abbau oft ins Nichts. «Das Ziel liegt jetzt nicht mehr auf dem Gipfel, sondern im Tal.» (C. G. Jung)

Wie in der Mitte der Lebens alte Ordnungen zerbrechen und neue Orientierungen gesucht werden müssen, kann man immer wieder in der ärztlichen und psychotherapeutischen Sprechstunde erfahren. Dies geht oft durch körperliche und seelische Krisen und durch das, was man in der Lebensalterforschung als «fruchtbare Resignation» bezeichnet. Darunter versteht man den Verzicht auf nur Äußeres (auf das «falsche Ich») und eine Arbeit am inneren Ich. Der Mensch steht in dieser Zeit am Scheideweg zwischen «äußeren Trieben und inneren Strebungen». Aus der Biografie eines Menschen, der stellvertretend einige typische Probleme der Midlife-Crisis durchgestanden hat, sei dem Leser im folgenden Gespräch, das anstelle eines Nachwortes und damit ans Ende unserer Betrachtungen tritt, die Problematik noch einmal vor Augen geführt.

Das kann doch nicht alles gewesen sein
Das bisschen Sonntag mit Kinderschrein
Das muss doch noch irgendwohin gehn
– hingehn.

Das kann doch nicht alles gewesen sein
Da muss doch noch irgendwas kommen
Nein, da muss doch noch Leben ins Leben –
Leben.[73]

Wolf Biermann

Statt eines Nachwortes

Aus Gesprächen über die «positive Resignation» mit einem Betroffenen

Patient:

«Ich erinnere mich noch genau an den Tag, wo ich zu Ihnen kam. Gott sei Dank hatten Sie sich den ganzen Vormittag für mich Zeit genommen und mir am Schluss auch noch von Ihren eigenen schmerzhaften Erlebnissen erzählt, das gab so ein schönes Gefühl, doch nicht der Einzige auf der Welt zu sein. Ich war kurz davor, mich umzubringen. Obwohl ich einige Wochen vorher *das* Geschäft meines Lebens abgeschlossen hatte, fühlte ich mich im Innern doch lausig und wie tot. Sie nannten es damals «Sommerdepression». Es war wie verrückt. Je schöner und wärmer es draußen wurde, desto kälter und dunkler wurde es in mir selber. Es war wie das Gefühl eines gläsernen Sarges: Man lebt und ist doch irgendwie tot. Schon einige Wochen vorher merkte ich, dass etwas nicht stimmte. Ich wachte morgens viel zu früh auf, die Gedanken drehten sich, Schuldgefühle tauchten auf, Selbstzweifel und ein benommenes Gefühl im Kopf und ein Stauungsgefühl im Bauch. Ich trank damals vermehrt Alkohol und spielte viel Golf und Tennis. Im Club verliebte ich mich dann in eine jüngere Frau, mit der ich mich eigentlich nur äußerlich verstand. Damals schmeichelte es mir, dass ich noch so viel Erfolg hatte. Denn damals war mein Hauptproblem das Älterwerden. Ich wollte es einfach nicht wahrhaben, dass ich auf die Fünfzig zuging. Ich fühlte mich gar nicht so.»

Arzt:
«Wie alt waren Sie damals genau und was ging in Ihnen innerlich vor?»

«Ich war so um 46 / 47 Jahre. Ich fühlte mich innerlich so furchtbar, dass ich dauernd den Drang hatte, mich, das heißt dieses furchtbare Etwas in mir, zu betäuben. Ich kam mir wie eine Hollywoodfassade vor, hinter der nichts ist bzw. alles vermodert. Ich war wie ein lebender Toter, ein wohlhabender Bürger, der eigentlich ein ‹Zombie› ist. Natürlich hatte ich auch ein furchtbar schlechtes Gewissen meiner Frau gegenüber, wegen der heimlichen Affäre. Alles wurde durch das Versteckspielen und die Notlügen noch schlimmer, sodass ich auch die Freundin bald nicht mehr ausstehen konnte. Das gab noch zusätzliche Spannungen.»

«Was waren Ihre Pläne zu der Zeit?»

«Nur weg, alles hinschmeißen, alles noch einmal neu und besser machen. Ich wollte noch einmal studieren und dann ganz einfach leben, vielleicht in einem Entwicklungsland, wo noch etwas Ursprüngliches zu finden ist.

Wenn ich jetzt auf die Zeit zurückblicke, so scheint es mir, als ob bis zu diesem Zeitpunkt mein Leben eine unendlich lange Zeit gedauert, aber plötzlich an Dynamik und Geschwindigkeit zunahm. Ich fragte mich: Was machst du mit dem verbleibenden kleinen Rest? Kannst du deine alten Ideale noch mal aufgreifen? In dieser Zeit spürte ich einen meiner geliebten Lehrer plötzlich ganz dicht bei mir und sogar eine meiner verflossenen Jugendlieben. Ich glaube, diesen Umsturz nennt man ‹Gauguin-Syndrom› nach dem gleichnamigen Maler, der sein ganzes bisheriges bürgerliches Leben als Bankangestellter hingeschmissen und sich als Maler nach Tahiti abgesetzt hat. Ähnliches hatte ich zu dieser Zeit mit meiner jüngeren Freundin auch vor – wir wollten eine Farm in Kanada kaufen und einfach

leben, mit Natur, Tieren, einfachen Menschen, ohne Wohl-
standsstress, ohne Umsatz machen zu müssen ...»

«Und Ihre gleichaltrigen Freunde?»

«Ich war natürlich durch meine eigenen Erfahrungen meinen Freunden gegenüber hellfühlig geworden und sah
ganz genau, was sich hinter den glitzernden Fassaden alles
verbarg. Einige waren dem Jugendlichkeitswahn verfallen,
liefen wie Zwanzigjährige durch die Gegend und prahlten
mit ihren diversen Leistungen und Erfolgen.»

«Und Ihre Frau?»

«Ich glaube, sie hatte es in dieser Zeit auch schwer. Wir
waren ja fast gleichaltrig, und ich glaube, sie hatte auch
unabhängig von mir eine Krise. Sie interessierte sich ja
damals schon seit längerer Zeit für sogenannte ‹übersinnliche› Dinge, geistige Zusammenhänge etc. Sie ging oft zu
Vorträgen und Wochenendveranstaltungen. Ich fand das
damals alles Quatsch, und es gab deshalb viel Streit. Man
sagt ja, dass sich die Frauen im gewissen Alter nicht mehr
über den Mann definieren, ihr eigenes Selbst behaup-
ten wollen und ihren ‹Verstand› entdecken. Der Mann
hingegen wird plötzlich offener für Gefühle, Zärtlichkeit,
Sinnlichkeit ...

Jedenfalls sah das bei uns so aus, dass ich abends todmüde nach Hause kam und das traute Heim genießen wollte und meine Frau in der Garderobe stand und in einen ‹ihrer› Vorträge wollte. So lebten wir einige Zeit buchstäblich aneinander vorbei.»

«Denken Sie, dass es auch ‹Wechseljahre› beim Mann gibt?»

«Ich denke schon, aber sie verlaufen anders, vielleicht mehr extrovertiert. Ich glaube auch nicht, dass man bei der Frau alles auf die Hormone schieben sollte. Ich denke, wenn die unteren Triebe aufhören zu existieren, sagen wir mal, die ‹biologischen›, dass dann die Möglichkeit für die oberen, die geistigen Strebungen beginnen könnte. Das wäre dann eine andere Art von ‹Fruchtbarkeit›. Ich denke, dass das Sinn macht. Beim Mann ist die biologische Fortpflanzungszeit ja länger. Ich denke, er ist sowieso leibgebundener. Auch verdrängt er leichter Krisen und wird dann krank, zum Beispiel bekommt er einen Herzinfarkt. Man hat ja festgestellt, dass auch die Männer ihre Krisen haben, nur gehen sie dann statt zum Arzt in die Kneipe. Jedenfalls sagte mir mal eine alte Freundin, als wir über das Thema sprachen: ‹Weißt du, ich glaube, dass die Wechseljahre des Mannes darin bestehen, dass er einfach in den kritischen Jahren seine Frau wechselt ...›.»

«Was ist denn nun Ihr Fazit aus dieser Identitätskrise?»

«Meine Haupterkenntnis ist, dass es jedenfalls bei mir mit dem Bruch zwischen Innerlichkeit, die permanent unterernährt war, und der oberflächlichen Lebensweise zu tun hatte. Viele Probleme der Jugend wurden mir in der Krise erst bewusst, und ich habe dann begonnen, an ihnen zu arbeiten, anstatt andere dafür verantwortlich zu machen. Sie waren oft der Grund meiner früheren Zerwürfnisse. Dazu kommt die Angst von uns Männern vor Gefühlen, also dem Weiblichen in uns. Ich habe damals erkannt, dass äußeres Wachstum noch nicht automatisch inneres Wachstum bedeutet. Was hat man denn schon den äußeren Ereignissen entgegenzusetzen gehabt? Dem Älterwerden des Leibes trotz Sonnenbank und Fitnessstudio – und vor allem dem eigenen Tod? Mich plagte damals die Frage: Was bleibt von dir übrig? Ich bangte um den Verlust meiner Vitalität genauso wie um mein Hab und Gut, über das ich mich absolut definierte.»

«Wie ging es denn mit der neuen Freundin weiter?»

«Meine Frau und ich trennten uns in der kritischen Zeit. Ich dachte damals, sie sei an allem schuld, doch heute erkenne ich, dass das Wort ‹Schuld› fehl am Platze ist. Wir waren zu unreif für die Krise. Jetzt haben wir am

Leben gelernt und können uns wieder ohne Vorwürfe begegnen.

Was meine Freundin angeht: Ich merkte bald, dass die biologische ‹Verjüngungskur› meine Probleme nicht besserte. Auch fühlte ich mich weiterhin in Gesellschaft unverstanden und innerlich entwurzelt. Die Reisen, die wir machten, wurden zu wahren Gespensterreisen, denn ich nahm mich ja überall mit hin. Merkwürdigerweise hatte ich aber trotz allem immer das Gefühl, etwas in mir zu tragen, was nicht kaputtgehen konnte und was jünger war als ich selber. Auch wenn wir als Schüler Trinkgelage machten und ich angetrunken war, spürte ich dieses Etwas, was ganz nüchtern blieb. Ich nannte es dann später das gewisse ‹Fünkchen›.

Ich trennte mich nach einigen Monaten von meiner Freundin, weil wir eine rein symbiotische Freundschaft hatten und wir dadurch nicht frei waren.

Ich spürte mehr und mehr, etwas Altes muss jetzt absterben. Ich hatte es aber immer auf meinen Leib bezogen. Ich kam damals in dieser katastrophalen Stimmung zu Ihnen, trug mich mit ernsten Selbstmordabsichten, habe aber diese Absichten in unserem Gespräch für mich behalten.»

«Was hat Sie damals vom Selbstmord abgehalten?»

«Nach dem damaligen Gespräch haben Sie mir ein Buch in die Hand gedrückt und gesagt: ‹Da, nehmen Sie, es hat mit Ihren Problemen zu tun.› Es war Ritchies Buch über seine Erfahrungen im klinisch toten Zustand.[74] Ich las das Buch damals in einem Zug durch. Ich spürte, dass nur die Konfrontation mit dem Letzten, dem Tod, und was danach kommt, mir helfen würde. Alles Oberflächliche hätte mich nur noch trauriger gestimmt. Jedenfalls habe ich durch das Buch einen Aufschub bekommen. Für mich war das die richtige ‹Therapie›».

«Und wie ging es dann weiter?»

«Ich habe von da ab langsam begonnen, alles loszulassen, denn da ich mich selbst schon verloren hatte, gab es nichts mehr festzuhalten.

Einige Wochen später wurde ich dann schwer krank. Es begann mit neuralgischen Schmerzen in Kopf und Brust, die sich ins Unerträgliche steigerten. Ich bekam dann zwölf Tage hohes Fieber, es soll ein Virusinfekt gewesen sein. Aber ich weiß im Nachhinein, dass es genau der Bruch zwischen Kopf und Herz war, den ich jahrelang gelebt hatte und der mir jetzt bewusst werden sollte. Ich fühlte, dass ich alles Alte abbauen musste. Ich baute dann auch tatsächlich erst einmal meinen Körper ab und verlor in dieser Zeit über zwanzig Kilo. Eigentlich war es mir damals egal, ob ich sterben würde.

Ich machte damals auch eine interessante Erfahrung: Meine bisherigen meist akademisch gebildeten Freunde nahmen kaum Anteil an meiner Krankheit, stattdessen umsorgten mich rührend diejenigen, die ich innerlich immer wegen ihrer ‹Einfalt› verachtet hatte. Einer von ihnen saß einmal stundenlang an meinem Bett und erzählte mir seine Erlebnisse als Entwicklungshelfer in Afrika … Ich spürte plötzlich wieder den Puls des Lebens. Seit diesem Gespräch begann mein Fieber zu sinken.»

«Wie war denn die Zeit danach?»

«In der Rekonvaleszens, wo mich das Schicksal ja aus dem Verkehr gezogen hatte, las ich viel und ging stundenlang spazieren. Ich hatte das Gefühl, dass auch meine Sinne schärfer geworden waren, jedenfalls fielen mir Dinge ins Auge, die ich vorher nie bemerkt hatte. Auch tauchten durch das Lesen die alten versunkenen Ideale wieder auf. Ich las zum Beispiel die Gedichte wieder, die ich als Schüler geschrieben hatte, und versuchte mich auch wieder daran, neue zu schreiben.

In der Schule schon hatten es mir die Klassiker und die idealistische Philosophie angetan. Es war in dieser Zeit wie die Heimkehr des verlorenen Sohnes. Ich verstand plötzlich den *Faust*: seine Flucht aus dem moderigen Leben, sein Bedürfnis, sich zu verjüngen, die Sucht nach Leben und einer jungen Frau, aber auch das Festhalten des glücklichen Augenblicks … Aber auch die Erlösung, indem man nicht nur für sich etwas tut, sondern auch für die Welt. Ich fühlte mich damals wie in der Pubertätszeit, als ich zum ersten Mal Hermann Hesses *Narziss und Goldmund* las ... Wie eine zweite, doch gesunde Art von Pubertät.»

«Wodurch meinen Sie, sind Sie wieder gesund geworden?»

«Ich denke, es hat mit dem zu tun, was in einer Krankengeschichte im Johannes-Evangelium ‹Willst du gesund werden?› genannt wird. Das heißt vor allem, zu sich zu stehen und nicht anderen dauernd die Schuld für sein Leben zu geben. Das Leben nach der Krise bewusst in die Hand nehmen. Das ist das eine.

Dann denke ich, was ab der Mitte des Lebens besonders wichtig ist, das ist die ‹fruchtbare Resignation›, das heißt die Dinge erst einmal gewähren lassen, wie sie im Leben auf einen zukommen, also sie erlauschen und sie dann anpacken.

Ich habe auch eingesehen, dass wir einen sündigen Anteil, unsere sogenannte Nachtseite, in uns haben, die wir auch mal erfahren müssen, um sie zu kennen und in unser Dasein zu integrieren. Ich glaube inzwischen, dass Gott uns deswegen auch gerne hat, da wir mithelfen, die Hölle in uns zu erlösen.»

«Ich habe beruflich gesehen gar nichts ändern müssen, aber ich bin innerlich ‹renoviert›, das heißt nicht, dass jetzt alles einfacher geht. Im Gegenteil. Aber ich bin distanzierter zu mir und meinen Problemen, auch bewusster, ja selbstbewusster. Meine Mitarbeiter merken das. Sie spüren, da ist einer, der aus Erfahrung spricht, vielleicht auch aus Güte und Verständnis. Ich sagte schon, das Leben ist nicht einfacher, aber reicher geworden. Ich möchte tatsächlich nicht mehr jünger sein. Ich erlebe die Dinge jetzt mehr vom Ende her, und das macht tatsächlich das ganze Leben spannender und intensiver. Ich denke heute, dass jeder Mensch sein Schicksal zu erfüllen hat und dass die Krisen die ‹Entwicklungshelfer› für unser inneres Fortkommen sind. Sie kennen doch den alten Ausspruch: ‹Den Willigen führt das Schicksal, den Unwilligen schleppt es herbei.›»

Anmerkungen

1   Diderot, D.: 10. Band der Enzyklopädie. Aus: Markus Treichler: *Melancholie in Mythologie, Kunst und Literatur. Beispiele individueller Entwicklung in der Depression*. Der Merkurstab 5/06

2   Sembdner, H.: (Hrsg): *Heinrich von Kleist – Geschichte meiner Seele – Ideenmagazin. Das Lebenszeugnis der Briefe*. Frankfurt 1983.

3   Carlsson, A.: *Edvard Munch. Leben und Werk*. Stuttgart 1984.

4   Arnold, M.: *Edvard Munch*, Reinbeck 2004.

5   Vgl. Hell, D.: *Die Sprache der Seele verstehen. Die Wüstenväter als Therapeuten*. Freiburg im Breisgau 2002.

6   Hell, D.: a. a. O.

7   Hell, D.: a. a. O.

8   Dr. Irvin D. Yalom: Therapeutisches Credo.

9   Dieses Zitat sowie alle weiteren desselben Autors: Feuchtersleben, E. Frh. v.: *Zur Diätetik der Seele,* Stuttgart 1980.

10 Tucholsky, K.: *Panther, Tiger und Co.,* Hamburg 1954.

11 Vetter, G.: *Seele unter Eis,* München 1991; Kuiper, P. C.: *Seelenfinsternis – Die Depression eines Psychiaters,* Frankfurt 1991; Guardini, R.: *Vom Sinn der Schwermut,* Mainz 1991; Flach, F. F.: *Depression als Lebenschance,* Reinbek 1990; White, J.: *Die Masken der Melancholie,* Marburg/L. 1987.

…zsche, F.: *Ecce homo,* München 1964.

…ner, R.: *Entsprechungen zwischen Mikrokosmos und Makrokosmos,* …4.1920, Gesamtausgabe (GA) 201, Dornach 1987.

…Diepgen, P.: *Geschichte der Medizin,* Bd. 1, Berlin 1949.

15 Steiner, R.: *Heilpädagogischer Kurs,* 25.6.1924, GA 317, Dornach 1985.

16 Steiner, R.: *Metamorphosen des Seelenlebens,* 21.10.1909, GA 58, Dornach 1984.

17 Schlemmer, J. (Hrsg.): *Die Verachtung des Gemüts,* Frankfurt 1974.

18 Novalis: *Romantische Welt, Ausgewählte Aphorismen,* Darmstadt 1954.

19 Steiner, R.: *Bausteine zu einer Erkenntnis des Mysteriums von Golgatha,* 14.4.1917, GA 175, Dornach 1980.

20 Novalis: a.a.O.

21 Kafka, F.: *Briefe an Milena,* Frankfurt 1960.

22 Richter, H. E.: *Die Chance des Gewissens,* Hamburg 1986.

23 Binding, R.G. (Hrsg.): *Die Blümlein des Heiligen Franziskus,* Leipzig 1919.

24 Steiner, R.: *Wahrspruchworte,* GA 40, Dornach 1991.

25 Hyman, J.W.: *Licht und Gesundheit,* Reinbek 1993.

26 Steiner, R.: *Die Offenbarungen des Karma,* 27.5.1910, GA 120, Dornach 1992.

27 Pfau, B.: *Scham und Depression. Ärztliche Anthropologie eines Affekts.* Stuttgart 1998.

28 Nietzsche, F.: *Zur Genealogie der Moral,* Leipzig 1930.

29 Kuiper, C. P.: *Seelenfinsternis,* a.a.O.

30 Steiner, R.: *Die okkulte Bewegung im 19. Jahrhundert,* 25.10.1915, GA 254, Dornach 1986.

31 Flach, F. F.: *Depression als Lebenschance,* a.a.O.

32 Steffen, A.: *Der rechte Liebhaber des Schicksals,* Dornach 1957.

33 Steiner, R.: *Vergangenheits- und Zukunftsimpulse im sozialen Geschehen,* 30.3.1919, GA 190, Dornach 1980.

34 Mitscherlich, A.: *Die Unwirklichkeit unserer Städte,* Freiburg 1970.

35 Mitscherlich, A. u. M.: *Die Unfähigkeit zu trauern,* Leipzig 1990.

36 Steiner, R.: *Pfade der Seelenerlebnisse*, 2.12.1909, GA 59, Dornach 1984.

37 Steiner, R.: *Wahrspruchworte*, a.a.O.

38 Steiner, R.: *Die Stufen der höheren Erkenntnis*, GA 12, Dornach 1993.

39 Steiner, R.: GA 12, a.a.O.

40 Steiner, R.: *Geisteswissenschaftliche Menschenkunde*, 22.3.1909, GA 107, Dornach 1988.

41 Steiner, R.: 27.5.1910, GA 120, a.a.O.

42 Ott, E.: *Die dunkle Nacht der Seele – Depression?*, Schaffhausen 1982.

43 Steiner, R.: *Vier Mysteriendramen, Die Prüfung der Seele, 1. Bild*, GA 14, Dornach 1981.

44 Pascal, B.: *Gedanken (Pensees)*, Paris 1954.

45 Meffert, E.: *Mathilde Scholl*, Kapitel «Mitte des Lebens». Dornach 1991.

46 Pascal, B.: a.a.O.

47 Steiner, R.: 28.5.1910, GA 120, a.a.O.

48 Steiner, R.: *Der Tod als Lebenswandlung*, 9.10.1918, GA 182, Dornach 1986.

49 Bock, E.: *Rudolf Steiner, Studien zu seinem Lebensgang*, S. 260, Stuttgart 1990.

50 Steiner, R.: *Theosophie*, Kapitel «Der Pfad der Erkenntnis», GA 9, Dornach 1978.

51 *Goethes Briefwechsel mit seiner Frau*, Einführung, Frankfurt 1989.

52 Steiner, R.: *Aus der Bilderschrift der Apokalypse des Johannes*, 8.5.1907, GA 104a, Dornach 1991.

53 Steiner, R.: *Probleme des Zusammenlebens …*, 10.9.1915, GA 253, Dornach 1989.

54 Wilder, T.: *Der achte Schöpfungstag*, Frankfurt 1991; Ginsburg, J.: *Gratwanderung*, München 1988.

55 Steiner, R.: *Anweisungen für eine esoterische Schulung*, S. 6 ff., GA 245, Dornach 1969.

56 Morgenstern, Ch..: *Stufen*, München 1957.

57 Steiner, R.: *Die soziale Grundforderung unserer Zeit,* 7.12.1918, GA 186, Dornach 1990.

58 Steiner, R.: *Wiederverkörperung und Karma,* GA 135, Dornach 1989.

59 Proust, M.: *Auf der Suche nach der verlorenen Zeit,* Band I, Frankfurt 1979.

60 Steiner, R.: 27.10.1908, GA 107, a.a.O.

61 Prokofieff, S. O.: *Die okkulte Bedeutung des Verzeihens,* Stuttgart 1991.

62 Petersen, A.: «Dornach in den Jahren 1914/15», in: *Erinnerungen an Rudolf Steiner,* Stuttgart 2001.

63 Steiner, R.: *Psychologisch-Therapeutisches auf Grundlage der Geisteswissenschaft,* 26.3.1920, GA 314, Dornach 1989.

64 *Die Offenbarung des Johannes,* Kapitel 20.

65 Petersen, A.: a.a.O.

66 Achimer Kreiszeitung vom 26.9.1993.

67 Steiner, R.: *Aus schicksaltragender Zeit,* 15.1.1915, GA 64, Dornach 1959.

68 Steiner, R.: *Wie kann die seelische Not der Gegenwart überwunden werden?,* 10.10.1916, GA 168, Dornach 1987.

69 Kuiper, P. C.: *Seelenfinsternis …,* a.a.O.

70 Guardini, R.: *Vom Sinn der Schwermut,* a.a.O.

71 Roediger, E.: «Hat Angst einen Sinn?» In: *Der Merkurstab. Beiträge zu einer Erweiterung der Heilkunst.* Ausgabe 2/04

72 Burkhard, G.: *Das Leben in die Hand nehmen. Arbeit an der eigenen Biografie,* Stuttgart 2005.

73 Biermann, W.: Song für das Fernsehspiel *Liebe mit Fünfzig.*

74 Ritchie, G.; Sherril, E.: *Rückkehr von Morgen,* Marburg 2007.

Verlag Freies Geistesleben
Bücher für den Wandel des Menschen